PRACTICE MAKES PERFECT

(TOMO I)
HAZ DE TUS TEMAS EL PASAPORTE PARA CONSEGUIR TU PLAZA

MARTA GARCÍA ATIENZA
MARÍA BERMEJO NAVARRO

PRACTICE MAKES PERFECT

HAZ DE TUS TEMAS EL PASAPORTE PARA CONSEGUIR TU PLAZA

Primera edición: junio de 2020

Cualquier forma de reproducción, transformación, distribución, copia, duplicación, reproducción, o venta (total o parcial) del contenido de esta guía, tanto para uso personal como comercial, constituirá una infracción de los derechos de copyright.

© Marta García Atienza, 2020

© María Bermejo Navarro, 2020

© Del prólogo: Miguel Ángel Caballero López, 2020

© De las ilustraciones: Amina Ejrhili, 2020

ISBN: 978-84-09-21374-0

Diseño y maquetación: María Bermejo Nav

ÍNDICE

1.- PRÓLOGO 7

2.- EL PORQUÉ DE ESTE LIBRO Y QUIÉNES SON LAS AUTORAS 9

3.- ¿EN QUÉ CONSISTE UN CONCURSO-OPOSICIÓN DE MAESTRO DE INGLÉS? 17

4.- TEMARIO OFICIAL DE INGLÉS 19

5.- ¿QUÉ APARTADOS DEBE CONTENER UN TEMA? 23
    5.1 Índice y cómo dividir el tema en epígrafes 23
    5.2 Introducción 27
        5.2.1. Introducción general: 30
        5.2.2. Introducción por temas y bloques 32
    5.3. Desarrollo 42
        5.3.1. ¿Cómo introducir la legislación? 51
        5.3.2. ¿Cómo relacionar con otros temas? 53
        5.3.3 ¿Qué autores incluir, cómo y cuándo incluirlos? 55
        5.3.4 ¿Cómo conectar las partes? 60
        5.3.5 Diferencia entre aplicación didáctica y ejemplo y cómo incluir ambos 63
        5.3.6. Bibliografía y legislación 70
        5.3.7. Conclusiones 71

6.- PIÑONES FIJOS 79

.... 82

7.- TEMA COMPLETO 82

8.- LECTURA DEL TEMA 83

9.- ANÁLISIS DAFO DE TI MISMO/A 84

10.- CONSEJOS FINALES 87

11.- CÓDIGOS QR 89

12.- AGRADECIMIENTOS 90

1.- PRÓLOGO

Hace unos años observaba a mi alumnado mientras se concentraba en realizar una tarea. Una niña que acabó algo antes que el resto me pidió permiso para hacer un dibujo y, por supuesto, la respuesta fue afirmativa. Tras unos minutos me trajo un esbozo en el que se adivinaba un muñeco que supuestamente era yo y otro que, de una forma algo más clara, representaba a la propia niña. No era ninguna obra de arte y su propia autora lo sabía. Sin embargo, al entregármelo me dijo: "*Toma maestro Migue. Sé que no es el mejor dibujo del mundo, pero es mío y es para ti*".

Lo que esa niña intentaba decirme es que lo que hacía único a su dibujo es que lo había hecho ella con su buena intención, con su esfuerzo, con su tiempo y claramente, con cariño. Menudos ingredientes.

Cuando un opositor entrega un tema a su tribunal debe hacerlo con la misma actitud con la que esta niña hizo el dibujo. Adicionalmente, debería añadir algún producto más a la receta como son la previsión, la audacia, el ímpetu de diferenciación y, por supuesto, la presencia.

Una vez oí a José María Toro definir la presencia como "*presentar tu esencia*". No pudo estar más acertado.

De la misma manera, el tema de un opositor debe presentar su esencia docente, debe mostrar que no va a probar suerte, ni a pasar por allí desapercibidamente, sino que va con un objetivo muy claro: demostrar que hay muchas razones por las que la plaza debe llevar su nombre.

Uno de los mayores errores que puede cometer un opositor es creer que va a conseguir una plaza gracias a alguien que no es él mismo y, en este sentido, elaborar un temario personal y original se hace extremadamente necesario.

Ser brillante no es solo una cualidad que le pertenece a los genios, de hecho, me atrevería hasta a afirmar que es la suma de pequeñas acciones. En la elaboración de los temas tienes tu primera oportunidad de convertirte en uno de ellos.

Siempre me gusta decir que no hay segundas oportunidades para causar primeras impresiones y el tema escrito va a suponer el primer nexo entre tú y el tribunal, por eso debe desprender presencia, denotar agudeza y demostrar que el opositor que lo escribe ha sido minucioso en su desarrollo y creación.

En este libro, Marta y María te van a presentar una serie de recomendaciones para conseguir hacer de tus temas el pasaporte para conseguir tu plaza. Si las llevas a la práctica y eres capaz de reflejar tu esencia docente en tus temas, te acercarás al objetivo final. El camino es duro, pero… ¿quién quiere una recompensa por la que no ha luchado?

Miguel Ángel Caballero López

2.- EL PORQUÉ DE ESTE LIBRO Y QUIÉNES SON LAS AUTORAS

Marta García Atienza

¿Quién soy?

Soy maestra de inglés de la *Conselleria d'Educació* de la *Generalitat Valenciana* desde 2004 y para llegar hasta aquí, hasta escribir un libro sobre cómo prepararse la oposición para ser maestro/a de inglés, han tenido que pasar muchas cosas.

Mi historia

Mi bonita historia con la lengua inglesa comienza en el instituto a los 17 años. Cuando cursaba 3.º de BUP se organizó un viaje a Cardiff en la asignatura optativa de francés, idioma que yo cursaba porque mi madre siempre apostó por que aprendiera varias lenguas. Ese viaje consistía en pasar una semana en una residencia con alumnos de otros países de nuestra misma edad (10 franceses, 10 ingleses, 10 alemanes y 10 españoles).

En ese viaje descubrí dos cosas: la primera, que me encantaba el inglés y la segunda, que era increíble y maravilloso que 40 personas de 4 países diferentes pudieran comunicarse sin problemas durante una semana gracias a conocer una lengua común.

Volví de aquel viaje con una percepción sobre el inglés completamente distinta y mejorada.

Mis pasiones

Desde muy pequeñita, había una cosa que me apasionaba: el mar. Recuerdo cómo me quedaba encandilada mirando la tele con los documentales sobre fondos marinos y cómo mis padres se sorprendían cuando, por mis cumpleaños, quería cintas de video de Jacques Cousteau.

Por ello, cuando tuve que escoger qué carrera estudiaría, me debatía entre dos opciones: Ciencias del Mar o Magisterio de Inglés.

La sabiduría de una madre

Mi madre, también maestra, entró en escena con una de sus frases:

- *"Haz Magisterio de Inglés y aprovecha tus vacaciones para bucear"*.

Después de darle varias vueltas, decidí hacerle caso, ya que intuía que su consejo era el mejor.

Entré en Magisterio y cursé los 3 años de diplomatura. No obstante, y que me perdonen en la universidad, la carrera me decepcionó un poco. Esperaba aprender mucho sobre cómo dar clase a niños de primaria, que me enseñaran técnicas, metodologías, juegos, canciones, maneras de motivar al alumnado… pero de todo eso aprendí muy poco porque la carrera en aquellos años era completamente teórica.

Por ello, al acabarla decidí seguir mis estudios, en este caso cursando Traducción e Interpretación en la Universidad Jaume I de Castellón, carrera que no finalicé, ya que una buena oferta de plazas de inglés en el cuerpo de maestros llamó a mi puerta.

Oposición a la vista

Algo cansada de seguir dependiendo de mis padres y animada por la posibilidad de sacarme una plaza de inglés, dejé tercero de Traducción y comencé con la preparación de las oposiciones, consiguiendo, en junio, aprobarlas con plaza.

Tribunal de oposiciones

Tres años después, se me presentó la oportunidad de ser vocal en un tribunal de oposiciones, ocasión que no desaproveché y que terminó gustándome enormemente. Por esta razón, seguí siendo vocal de tribunales de oposiciones en 4 convocatorias: en los años 2007, 2009, 2010 y 2011.

Formar parte de varios tribunales fue una gran experiencia para mí y aprendí muchísimo sobre el proceso de oposición.

Preparadora de oposiciones

En 2012 el padre de una amiga me ofreció ser preparadora en una academia de Castellón y viendo todo lo que había aprendido los años anteriores, decidí aceptar la oferta para poder enseñar a mi futuro alumnado todo aquello que yo veía que se valoraba a la hora de otorgar las plazas.

Ser preparadora de oposiciones se convirtió en mi pasión y he de decir que un poco en mi obsesión. No podía pensar en otra cosa distinta a que mi alumnado sacara las mejores notas en cada una de las partes que componen el proceso de oposición.

Desde ese año he estado preparando a opositores tanto en Castellón como en Valencia, combinando ese trabajo con mi plaza de maestra. El resto de la historia hasta llegar a la elaboración del libro os lo cuenta María.

María Bermejo Navarro

¿Quién soy?

Soy maestra de inglés de la *Conselleria d'Educació* de la *Generalitat Valenciana* desde 2018 y profesora de secundaria. Sin embargo, no siempre ha sido así y la docencia no siempre ha sido mi profesión, puesto que en el pasado me dedicaba a la arquitectura.

Mi historia

Tras quedarme sin trabajo en la crisis del 2010, decidí invertir los ahorros que tenía en sobrevivir 3 años y seguir estudiando, reinventarme, matricularme en Magisterio y dedicarme a lo que realmente era mi vocación y mi pasión: la docencia.

Mi pasión

¿De dónde viene esa pasión? Ahora lo veréis en este microrrelato:

Una madre le dijo a su hija:
- Ten cuidado por dónde pisas.
Y la hija le contestó:
- Ten cuidado tú, porque yo sigo tus pasos.

Mi madre era maestra y falleció cuando yo tenía 16 años. Supongo que el hecho de que ella no pudiese influir en mi decisión de elegir qué carrera estudiar después de selectividad, fue el motivo clave por el que estudiar Magisterio no estuvo dentro de mis opciones.
Parte de mi integridad emocional después de una perdida tan enorme se la debo a mi tía (su hermana) y ¿sabéis qué? También era maestra.

El tiempo iba pasando y yo cada vez era más consciente de que la docencia tenía una semilla plantada en mí que no dejaba de crecer. De este modo, llegó un punto de no retorno en el que estudiar Magisterio se convirtió en algo vital y esencial para mí.

Mis referentes

¿Qué es exactamente lo que me apasiona de la docencia?

Pues veréis, de mi madre aprendí el respeto por la infancia, la importancia del juego, de la creatividad, a ser tolerante, a entender el valor de la educación...

De mi tía aprendí la importancia del acompañamiento emocional, de la comprensión y de la validez de los sentimientos.

No obstante, tuve un profesor de Filosofía (Alfredo Santos, IES Benlliure) que también supuso una revolución en mi vida. Con él aprendí a pensar, a ser libre, a tener pensamiento crítico, a plantearme el porqué de las cosas, a sobrellevar el duelo...

Y así, mi madre, mi tía y Alfredo se convirtieron en mis referentes.

A lo largo de nuestras vidas pasan muchos docentes...Unos dejan huella y otros no, y yo tenía claro dentro de qué grupo quería estar.

¿Qué es la escuela para mí?

Entiendo la escuela como el lugar en el que se transmite el conocimiento, donde se investiga y se experimenta, pero sobre todo como el lugar en el que el alumnado se siente seguro, potenciado, respetado, y aprende a ser persona, ciudadano, compañero y amigo.

Creo firmemente en la escuela como elemento socializador, integrador, inclusivo y de cambio, y en la importancia de docentes comprometidos que enseñen valores, cultura y ética.

El cambio: Oposiciones

Una vez terminada la carrera de Magisterio, en la que cursé la mención de inglés, decidí estudiar oposiciones, animada por una compañera del colegio.

Y este proceso, sin duda, me cambió la vida. Estudiar una oposición ha supuesto uno de los retos más importantes a los que me he enfrentado, dado que estudiar oposiciones con un bebé cuyo papi vivía en el extranjero mientras yo trabajaba de interina en un colegio, no fue fácil.

La suerte es para quien la busca

Muchos dirán que una oposición es suerte y sí, en una pequeña proporción, así es, pero yo te digo que es esfuerzo, sacrificio y perseverancia.

Hay variables que no dependen de nosotros, como el número de plazas, de tribunales o sus preferencias, pero hay muchísimas variables que SÍ y, por tanto, es en ellas en las que te tienes que centrar.

En una oposición compites con mucha gente, pero sobre todo compites contra ti mismo/a. La premisa es clara: sé tu mejor versión.

¿Sabes esa vecina que conoce a una amiga de una conocida que aprobó la opo en 2 meses sin estudiar casi nada bla bla bla...?

@opo.sitina

M&M

Un día, María llamó a Marta para proponerle un proyecto:

- "Marta, te llamo para proponerte una cosita. Sé que igual es un poco locura, pero ¿por qué no escribimos un libro? Tú llevas un montón de años preparando oposiciones, estás más que consolidada porque la gente acaba encantada contigo (yo la primera), no hay prácticamente publicaciones específicas de las oposiciones a maestro/a de inglés. Y yo... pues lo tengo todo muy reciente, muy organizado, aprendí enormemente contigo, tengo muchísimas cosas que aportar, me encantaría ayudar a todas esas personas que van a pasar por esto y se han sentido perdidas y... ¡¡me apetece muchísimo!! Pero no te quiero poner en ningún compromiso. Entenderé si me dices que no".

- Bueno, pues... no se me había ocurrido antes, pero... ¿por qué no? Déjame pensarlo y te confirmo, pero así, *a priori*, ¡¡me parece una buena idea!!".

¿Y si...?

La mayoría de los grandes proyectos comienzan con la misma pregunta: "¿y si...?" Y así ha sido esta vez también: así es como Marta y María empezaron este proyecto y esta aventura.

Practice makes perfect

Lo que comenzó teniendo el formato de un libro, ha ido evolucionando hacia una guía con elementos audiovisuales mucho más completa. Sin duda alguna, será la primera de unas cuantas.

Con ella, vas a aprender cómo hacer de tus temas el pasaporte para tu plaza y vas a conseguir elaborar tu propio temario original y de calidad.

En este documento vas a encontrar mucha práctica, *opotips* y pautas, además de las claves que necesitas y las respuestas a todas aquellas dudas que te puedan surgir durante el proceso de redacción del temario.

¿Comenzamos?

3.- ¿EN QUÉ CONSISTE UN CONCURSO-OPOSICIÓN DE MAESTRO DE INGLÉS?

Por si no estás familiarizado/a con el término concurso-oposición, este significa que el proceso de oposiciones está dividido en dos partes: la **oposición** (pruebas orales y/o escritas sobre conocimientos específicos) y el **concurso** (méritos de experiencia y formación).

El **concurso-oposición** para maestro/a de inglés es diferente en cada comunidad autónoma, ya que las mismas tienen cierta libertad de actuación. No obstante, hay una serie de pruebas que son comunes en todas ellas.

Generalmente todos los concursos-oposiciones de todas las comunidades autónomas cumplen con las siguientes características:

A) Proceso de oposición:

Suele valer el **60 % del total** y consta de varias partes en las que el opositor ha de demostrar sus conocimientos a través de:

- **Prueba teórica:** De 25 temas, un alumno/a representante sacará **3 números correspondientes a 3 temas**. Cada opositor elegirá un tema de entre los tres extraídos, el cual deberá desarrollar.

- **Supuesto práctico:** el opositor debe resolver uno o varios supuestos prácticos (situaciones que se pueden dar en el aula) dentro de un tiempo determinado.

- **Programación didáctica:** el opositor debe confeccionar una programación didáctica para uno de los cursos de la etapa de primaria y defenderla oralmente delante del tribunal.

- **Unidad didáctica:** el opositor deberá exponer una unidad didáctica de forma oral frente al tribunal, de entre las que ha diseñado para su programación.

En algunas comunidades se incluyen pruebas de **cultura general o de inglés**.

La duración de las pruebas, su formato y su posible lectura **variarán según la comunidad autónoma a la que te presentes y según el año**, razón por la que deberás leerte muy bien la convocatoria correspondiente una vez se publique (unos meses antes del examen).

Normalmente, las dos primeras pruebas (parte A), que corresponden a tema y supuesto, van juntas y **suelen ser eliminatorias**. Si se aprueban, entonces el opositor pasará a la parte B (programación y unidades). Una vez superadas las partes A y B, tendrá lugar la fase de concurso (entrega de méritos).

B) Proceso de concurso:

Una vez superado el proceso de oposición, el opositor pasaría a la **fase de méritos**, donde se le calcularán los puntos (de 0 a 10) que tiene conseguidos hasta la fecha de la convocatoria. Estos puntos se obtienen mediante **expediente académico, otras titulaciones universitarias, idiomas, másteres, postgrados, etc., y por su experiencia docente**. Esta fase suele contar alrededor del **40 %** de la nota final.

Cuando el recuento de los méritos ya se ha realizado, la **nota obtenida en la fase de oposición más la nota de la fase de concurso dará como resultado la nota final** con la que el opositor ha de "luchar" por obtener una plaza. La obtención de la plaza dependerá de la cantidad de plazas ofertadas y de los opositores que tengan una nota superior.

4.- TEMARIO OFICIAL DE INGLÉS

El temario oficial de inglés se encuentra en la <u>Orden del 9 de septiembre de 1993</u> y contiene 25 temas:

<u>TEMA 1:</u> La lengua como comunicación: lenguaje oral y lenguaje escrito. Factores que definen una situación comunicativa: emisor, receptor, funcionalidad y contexto.

<u>TEMA 2:</u> La comunicación en la clase de lengua extranjera: comunicación verbal y no verbal. Estrategias extralingüísticas: reacciones no verbales a mensajes en diferentes contextos.

<u>TEMA 3:</u> Desarrollo de las destrezas lingüísticas: comprensión y expresión oral, comprensión y expresión escrita. La competencia comunicativa en inglés.

<u>TEMA 4:</u> Valoración del conocimiento de las lenguas extranjeras como instrumento de comunicación entre las personas y los pueblos. Interés por la diversidad lingüística a través del conocimiento de una nueva lengua y su cultura.

<u>TEMA 5:</u> Marco geográfico, histórico y cultural de los países de habla inglesa. Aplicación didáctica de los aspectos geográficos, históricos y culturales más significativos.

<u>TEMA 6:</u> Aportaciones de la lingüística a la enseñanza de las lenguas extranjeras. El proceso de aprendizaje lingüístico: semejanzas y diferencias entre la adquisición de la primera lengua escolar y de la lengua extranjera.

TEMA 7: La lengua extranjera oral. La complejidad de la comprensión del sentido global en la interacción oral: de la audición a la escucha activa y selectiva. La toma de palabra: de la reproducción imitativa a la producción autónoma.

TEMA 8: La lengua extranjera escrita. Aproximación, maduración y perfeccionamiento del proceso lectoescritor. La comprensión lectora: técnicas de comprensión global y específica de textos. La expresión escrita: de la interpretación a la producción de textos.

TEMA 9: Descripción del sistema fonológico de la lengua inglesa. Modelos y técnicas de aprendizaje. Percepción, discriminación y emisión de sonidos, entonaciones, ritmos y acentos. La corrección fonética.

TEMA 10: Los códigos ortográficos de la lengua inglesa. Relación sonido-grafía. Propuestas para la didáctica del código escrito. Aplicaciones de la ortografía en las producciones escritas.

TEMA 11: Campos léxicos y semánticos en lengua inglesa. Léxico necesario para la socialización, la información y la expresión de actitudes. Tipología de actividades ligadas a la enseñanza y el aprendizaje del léxico en la clase de lengua extranjera.

TEMA 12: Elementos esenciales de morfosintaxis de la lengua inglesa. Estructuras comunicativas elementales. Uso progresivo de las categorías gramaticales en las producciones orales y escritas para mejorar la comunicación.

TEMA 13: Historia de la evolución de la didáctica de las lenguas extranjeras: de los métodos de gramática-traducción a los enfoques actuales.

TEMA 14: Métodos y técnicas enfocados a la adquisición de competencias comunicativas. Fundamentos metodológicos específicos de la enseñanza del inglés.

TEMA 15: Épocas, autores y géneros literarios más adecuados para su aplicación didáctica en clase de inglés. Tipologías de textos.

TEMA 16: La literatura infantil en lengua inglesa. Técnicas de aplicación didáctica para acceder a la comprensión oral, iniciar y potenciar los hábitos lectores y sensibilizar en la función poética del lenguaje.

TEMA 17: La canción como vehículo poético y como creación literaria en clase de inglés. Tipología de canciones. Técnicas del uso de la canción para el aprendizaje fonético, lexical y cultural.

TEMA 18: Funciones del juego y de la creatividad en el aprendizaje de las lenguas extranjeras. Definición y tipología de juegos para el aprendizaje y el perfeccionamiento lingüístico. El juego como técnica lúdico-creativa de acceso a la competencia comunicativa en lengua extranjera.

TEMA 19: Técnicas de animación y expresión como recurso para el aprendizaje de las lenguas extranjeras. La dramatización de situaciones de la vida cotidiana y la representación de cuentos, personajes, chistes, etc. El trabajo en grupos para actividades creativas. Papel del profesor.

TEMA 20: El área de lenguas extranjeras en el currículo. Criterios a reflejar en el proyecto educativo de centro y en el proyecto curricular de centro.

TEMA 21: La programación del área de lenguas extranjeras: unidades de programación. Criterios para la secuencia y temporización de contenidos y objetivos. Selección de la metodología a emplear en las actividades de aprendizaje y de evaluación.

TEMA 22: Variables a tener en cuenta en la organización de la clase de lengua inglesa: agrupación del alumnado, distribución del espacio y tiempo, selección de metodologías, papel del profesor, etc.

TEMA 23: La elaboración de materiales curriculares para la clase de inglés. Criterios para la selección y uso de los libros de texto. Documentos auténticos y documentos adaptados: limitaciones de su uso. La colaboración de los alumnos en el diseño de materiales.

TEMA 24: Aspectos tecnológicos y pedagógicos de la utilización de los materiales audiovisuales (el periódico, la TV, el magnetófono, el vídeo, etc.). El ordenador como recurso auxiliar para el aprendizaje y perfeccionamiento de las lenguas extranjeras.

TEMA 25: El proceso de enseñanza y aprendizaje en la lengua extranjera centrado en el alumno: fundamentos y aplicaciones. La identificación de las motivaciones y actitudes ante la lengua inglesa. Aplicaciones prácticas.

Esta lista de 25 temas es el **único documento oficial** con el que cuentan los opositores. Debido a la similitud de contenidos entre algunos de los temas, una buena estrategia que puedes usar tanto a la hora desarrollarlos como de estudiarlos es hacer una pequeña agrupación por bloques.

La agrupación que recomendamos sería la siguiente:

- **Bloque 1- Comunicación:** temas 1,2,3,7 y 8
- **Bloque 2-Cultura inglesa:** temas 4 y 5
- **Bloque 3-Metodologías:** temas 6,13,14 y 25
- **Bloque 4- Fonología, lexicología, gramática:** temas 9,10,11 y 12
- **Bloque 5- Literatura:** temas 15 y 16
- **Bloque 6-Recursos didácticos:** temas 17,18, 19 y 24
- **Bloque 7-Legislación:** temas 20 y 21
- **Bloque 8- Aspectos organizativos del aula:** temas 22 y 23

5.- ¿QUÉ APARTADOS DEBE CONTENER UN TEMA?

Según los **criterios de evaluación** por los que se rigen los tribunales que evaluarán a los opositores de la especialidad de inglés, los temas deberían contener los siguientes apartados: **índice, introducción, epígrafes en los que se divide el tema, conclusión, legislación y bibliografía.**

Como todos son importantes, vamos a hablar ampliamente de cada uno de ellos.

5.1 Índice y cómo dividir el tema en epígrafes

Tal y como hemos señalado anteriormente, los 25 temas que conforman el temario de oposiciones por la especialidad de inglés, se encuentran publicados en la **Orden de 9 de septiembre de 1993** y son iguales para todas las comunidades autónomas.

Esos títulos normalmente incluyen varios aspectos a tratar, los cuales te van a servir de guía para realizar el índice y sus correspondientes epígrafes.

Debido a lo mucho que avanza la educación y a lo obsoleto que es el temario en muchos aspectos, en numerosas ocasiones vas a necesitar añadir a los títulos diferentes **epígrafes o secciones** que te ayudarán con el desarrollo, comprensión, distribución, actualización y explicación del tema.

Tanto si el tema ha de ser leído por ti delante del tribunal como si no, te aconsejamos que no te excedas demasiado en el número de epígrafes que lo conforman ni en sus subpuntos, ya que eliminarías fluidez a tu tema.

Sin embargo, sí es preciso que se profundice en aquellos aspectos que aparecen en el título y que se respete **(en la medida de lo posible)** el orden en el que los contenidos son formulados. De esta forma, los miembros del tribunal podrán seguir el desarrollo del tema con mayor facilidad.

Respecto a la **extensión** de cada epígrafe, la **forma es más importante que el contenido**, y aunque unos puntos sean más esenciales que otros, cuando un epígrafe es demasiado largo, puede resultar pesado para el que lo está leyendo o escuchando.

Nuestro consejo es que haya **equilibrio** entre los diferentes epígrafes y que si, por ejemplo, el tema se compone de 4 epígrafes, cada uno de ellos tenga aproximadamente la misma extensión. Desarrollar tu tema así le otorgará **orden y equilibrio**, algo que tu tribunal agradecerá. Por ello, evita extenderte mucho en un epígrafe y que contenga 800 palabras y que en otro no menciones nada especialmente relevante y su extensión sea de 150, por ejemplo.

Otra de las cuestiones que seguro que te planteas es **qué extensión debe tener un tema, qué contenidos son prioritarios y cuáles son más prescindibles.**

Vayamos por partes:
En cuanto a la extensión, este es un aspecto algo subjetivo, porque la **velocidad de escritura** de cada opositor el día de la prueba juega un papel muy importante.

Algunos opositores son capaces de escribir a gran velocidad manteniendo buena letra, pero por el contrario, otros necesitan ir más despacio para escribir recto en el folio, con una caligrafía legible y poder así comprender lo que han escrito, ya que, en ocasiones, si se escribe muy rápido se puede perder el sentido de las frases.

También es importante tener en cuenta si en tu comunidad los miembros del tribunal leen tu examen o por el contrario lo vas a leer tú. En el segundo caso, lo importante es que entiendas tu letra porque, al fin y al cabo, eres tú quien lo va a leer.

Sin embargo, en el primer caso (como ocurre en comunidades como Castilla la Mancha, Madrid o Murcia, por nombrar algunas) deberás cuidar mucho más la letra y la ortografía para asegurarte de que es **completamente legible** por alguien que no eres tú. Por ello, en este segundo caso es mucho más conveniente que el tema tenga menos contenido pero que este se comprenda a la perfección.

Con toda esta información en mente, el consejo que te podemos dar tras muchos años de experiencia con las oposiciones, es que una extensión de entre **2500-2800 palabras** sería la más adecuada. Si es inferior a 2500, el tema se podría quedar un poco pobre y por encima de 2800 pueden pasar varias cosas: o bien que no te dé tiempo en el examen a escribirlo todo y, en ese caso, allí mismo tendrás que decidir qué contenido priorizas, o bien que lo escribas todo, pero a gran velocidad y probablemente, sin la posibilidad de poder revisarlo a continuación.

Por ello, debes elegir bien los contenidos que quieres incluir, sabiendo previamente que el contenido que dominas puede escribirse en menos de dos horas.

Cuando salgas de escribir el tema y hables con otros opositores, puede que te cuenten que han incluido aspectos que tú no, o que en casa compruebes que te has dejado cosas por poner que tenías en tu tema original **(te aconsejamos fervientemente no hacer ninguna de las dos cosas)**. Si te ocurre una de estas dos situaciones, no te preocupes demasiado. Lo mejor al salir de escribir el tema es no hablar de lo que has escrito y confiar en que lo has hecho lo mejor que has sabido.

Te podemos asegurar que hacer ese tipo de comparaciones solo va a conducirte a desconfiar de tu tema. Si después tienes que leerlo delante del tribunal, lo harás con muchos más nervios y pasarás días de incertidumbre y negatividad. No te flageles sin necesidad, eso no te llevará a ningún sitio una vez pasado el examen. Que un contenido específico esté en un tema **no quiere decir que tenga que estar obligatoriamente en todos los temas** de todos los opositores ni que el tribunal se vaya a percatar.

Si lo que cuentas está bien, si lo explicas correctamente, si está actualizado (el temario oficial no lo está, pero el tuyo **SÍ** debe estarlo), si se sigue con facilidad, si tiene buenos ejemplos, etc., tienes **muchísimas posibilidades de sacar buena nota,** aunque te parezca que has dejado algún contenido "importante" por poner.

OPOTIP 1

¿POR QUÉ SON DISTINTOS? PORQUE SON CASEROS

A la hora de desarrollar cualquier tema debes tener varias cosas claras.

La primera es que no hay dos temas iguales o, más bien, no debería haberlos si partimos de la base de que los temas han de ser personales y originales. Si no hay dos iguales, habrá aspectos que estén explicados en uno y no estén en otro, por el simple hecho de que las dos personas que los hayan escrito seguramente habrán considerado "primordiales" diferentes contenidos en sus temas, y no por ello uno estará bien y otro mal.

No te agobies pensando que si dejas un aspecto porque, por ejemplo, ya te pasas de las 2800 palabras, te van a bajar la nota o vas a suspender. Eso **NO** es así.

Los temas se desarrollan partiendo de un título y siempre que lo respetes y hables sobre su contenido, tu tema estará bien. Son muchos otros factores los que finalmente determinan la nota porque, en el caso de los temas, la forma en la que se cuentan termina en muchas ocasiones siendo más importante que lo que se cuenta como tal.

En este caso sí se cumple la premisa de que **la forma está por encima del contenido.**

5.2 Introducción

Según el diccionario de la **Real Academia Española**, introducir significa **"conducir a alguien al interior de un lugar"** y nos ha parecido una definición muy adecuada para explicar en qué consiste este apartado.

Lo que se pretende a través de las introducciones de cada uno de los temas es que **dirijas al tribunal** de manera breve y directa al interior de tu tema para que puedan saber enseguida cuál has decidido desarrollar en la oposición.

Dos aspectos esenciales que han de aparecer en tus introducciones son:

- **¿De qué vas a hablar** a lo largo del tema?
- **¿Qué importancia tiene ese contenido** en la enseñanza de la lengua extranjera y por qué, como docentes, debemos conocerlo para poder aplicarlo posteriormente en el aula para el beneficio del alumnado?

Los 25 temas que conforman el temario son **necesarios** y cualquier docente que quiera ser maestro de inglés debe **conocerlos y dominar su contenido**.

Uno de los aspectos más importantes dentro del proceso de oposición es la **COMPRENSIÓN** y, en este caso, como futuro/a docente de inglés, debes comprender por qué todos y cada uno de ellos forman parte del temario y por qué el contenido que trata cada uno de ellos es relevante.

Quizás ahora no lo entiendas, pero en cada uno de los temas hay información que necesitas dominar para tener los máximos conocimientos posibles para el desempeño de la tarea docente.

Dicho esto, vamos a centrarnos en **cómo desarrollar una buena introducción** para que desde el primer momento puedas destacar y llamar la atención de tu tribunal.

Si ya te has presentado alguna vez a las oposiciones o has estado en contacto con el proceso de oposición, sabrás que los temas que se pueden conseguir en internet o los que ofrecen las academias contienen introducciones que, por lo general, son poco atractivas e interesantes.

Cualquier introducción suele hacer referencia a la importancia del inglés, a la globalización, a la necesidad de dominar la lengua franca para abrirnos puertas y, por último, aborda por encima los aspectos que se van a tratar en el tema. En resumen, todas hablan de la **suma importancia que tiene el inglés** y ofrecen un breve resumen del eje central del tema.

Esto no es que esté mal, pero si tus introducciones siguen este patrón **no vas a diferenciarte del resto de los opositores** y lo que pretendemos con este libro es justo lo contrario.

La mayoría de las veces aprobar una oposición consiste en **ser de los mejores**, y esa es una de las partes "injustas" de la oposición.

¿Significa que cuando un opositor obtiene una puntuación de 4,9 en el apartado de los temas le corresponde esa calificación? Seguramente no, pero para ese tribunal, esos opositores **no estaban entre los mejores** y por motivos de tiempo y/o plazas tuvieron que descalificar a un número determinado de opositores.

Dicho esto, el primer punto importante que queremos tratar en profundidad es cómo introducir de manera diferente los temas para conseguir estar ahí, entre esos "tantos" mejores.

Como hemos explicado previamente, el temario de oposiciones de nuestra especialidad está compuesto por **25 temas** y a la hora de elaborar las introducciones podemos plantearnos diferentes opciones:

- Elaborar una **introducción general** que encaje con los 25 temas. En este caso, tienes que ser capaz de diseñar una introducción **original** que hable de aquello que es común a los 25 temas (la importancia del inglés, de la enseñanza o de la educación en general), puesto que todos tienen como denominador común el aprendizaje de la lengua inglesa en el ámbito educativo. Si logras hacerlo, solo tendrías que añadir un párrafo que conectase con el tema específico que vayas a desarrollar.

- Elaborar una **introducción específica** para cada bloque (los referidos en el punto 3 de este documento), puesto que el contenido central de los distintos bloques es compartido en todos sus temas. Por ejemplo, los temas 6, 13, 14 y 25 hablan de enfoques y métodos de aprendizaje, y una introducción que hablase de la importancia de la metodología serviría para los 4 temas de ese bloque.

- Elaborar una **introducción diferente** para cada uno de los temas, donde podrás centrarte en el contenido específico de cada uno. Esta opción sería, en teoría, la mejor, puesto que cada uno de los temas tendría su introducción, que hablaría concretamente del tema a tratar, y eso denotaría un gran nivel de implicación en el diseño y desarrollo de los temas, pero a su vez, como es lógico, sería más costoso porque habría que diseñar 25 introducciones diferentes para memorizarlas *a posteriori*.

A continuación, en los **apartados 4.1.1 y 4.1.2**, te vamos a poner ejemplos de las tres modalidades con introducciones generales, por bloque y por temas para que veas mucho más claro a qué nos referimos:

5.2.1. Introducción general:

EJEMPLO 1:

For the fat, for the skinny, for the tall, for the short, for those who laugh, for those who cry, for the optimistic, for the pessimistic, for those who love learning, for the ones who don't, for the fast finishers, for the slow, for the ones who love music, for the ones who prefer math, for the artists, for the original, for the shy, for the one who wants to participate, for the kind, for the smart, for the lonely, for the funny.

As the Coca cola company proclaimed in one of its main adverts about its beverage in 2007, English is for everyone.

" For the fat, for the skinny, for the tall for the short... "
(like my sweatshirt)

@opo_sitina

EJEMPLO 2:

Once upon a time a cat was chasing a mouse. When the cat was about to eat the mouse, the mouse's mum appeared and started to bark:

-Woof, woof!

The scared cat ran away, and the mouse's mum said to her son:

-Have you seen how important it is to speak a second language?

Como ves, estas serían dos introducciones que podrían servirte para los 25 temas, ya que nos hemos centrado en la importancia del inglés.

En introducciones como estas tan solo tendrás que añadir un párrafo conector que enlazase con el tema que fueras a explicar.

Por ejemplo, si fueras a desarrollar es el tema 1, que habla sobre el lenguaje como medio de comunicación, después de ese primer párrafo a modo de piñón fijo podrías poner algo como:

But… what is the most important thing about a language? With no doubt it is the possibility it gives us to communicate. In this unit we are going to see the language as a means of communication and the two main ways of doing it, through oral and written language.

Si utilizas esta opción tendrías una parte de la introducción que sería un piñón fijo (término explicado en el **capítulo 6** de este libro) y un pequeño párrafo conector diferente para cada tema.

Esos párrafos conectores son muy fáciles de elaborar y una vez comienzas a diseñarlos vas cogiendo soltura en su redacción.

Como ya te hemos explicado, esta sería la opción que más tiempo te va a ahorrar porque con una sola introducción tendrías 25.

Lo más "costoso" es encontrar el piñón fijo original y sorprendente que pueda cuadrar en todos los temas.

5.2.2. Introducción por temas y bloques

Ahora vamos a ver diferentes introducciones por separado. Algunas están diseñadas para un bloque completo, otras para algunos temas del mismo bloque y otras para temas de manera individual. Cuando hablamos de bloques nos referimos a los indicados en el capítulo 3 de este libro titulado **"Temario oficial de inglés"**.

Los títulos de todos los temas los tienes en ese mismo capítulo y te aconsejamos que los leas junto con sus introducciones para que puedas así encontrar más sentido a cada una de ellas.

TEMAS 1 Y 2:

Does the Tower of Babel sound familiar to you? As you may know, according to this common story, early humans discovered that, by using their language to work together, they could build a tower that could take them to heaven.

God, who thought that they wanted to take his power away, destroyed the tower. To ensure that it would never be rebuilt, he punished people by forcing them to use different languages. So, would this mean that this initial division of languages would prevent us from communicating? Obviously not.

As in the tower of Babel story thanks to those different languages, the human being evolved to intercommunicate. Language is the backbone of our social life and our tool to communicate and to cooperate.

TEMAS 1, 2, 3, 7 Y 8:

A normal day starts, you wake up, and even before you have completely opened your eyes, you check your mobile phone. You check your WhatsApp messages, your email account and Google to see the latest news or what the weather is going to be like. Then you get up and while you are preparing your breakfast, you listen to a funny programme on the radio that makes you start the day with a smile. This could be the beginning of many people's days, couldn't it? But the question is: what do all of these situations have in common? The thing that WhatsApp messages, emails, news and radio have in common is communication. Communication is the most important thing in our world, and without it, our lives wouldn't make any sense.

TEMAS 4 Y 5:

Regardless of whether it's the mother tongue or not, the learning of a language is based on the development of the 4 linguistic skills which are: listening, speaking, reading and writing.

Just look at yourself... At this exact moment, you are listening to what I am saying, you are writing what you think about my speech, you are reading the bases of this exam and just a few minutes after I leave this room, you are going to speak with the other board-members about how my intervention has been.

Linguistic skills are present in every communicative situation but: do we know exactly what a skill is? Do we know why the development of these 4 skills is so important? We are going to answer all of these questions during the development of this topic in which we will see...

TEMAS 4 Y 5:

The Empire State building, the London Bridge, the Niagara Falls, the Australian Coral Reefs, Halloween, 5 o'clock English tea, the 4th of July, Lacrosse, jeans. CULTURE. So many things belonging to English speaking countries, so many things to know, to learn, to experience. As we already know, there is no language without its culture, so if we want the students to learn English, we must teach them the culture that surrounds it.

In this topic we are going to see the importance culture has when learning a language and...

TEMAS 6, 13, 14 Y 25:

I love teaching, and I love it because each class gives me an opportunity to find many different talents. There is no class where there isn't someone who is good at painting, singing, writing, dancing, solving problems or using new technologies, among other skills. In fact, even the LOMCE has stated: "all students have talents, but the nature of these talents differs among them". So, if we have different students with different talents, should we teach them in the same way? The answer is very simple: "Definitely not".

TEMAS 6, 13, 14 Y 25:

CEAC, Vaughan, how to learn English with 100 words, CCC...

We have seen many methods offering magic recipes to learn the language of Shakespeare in a few months, but the truth is that even in the scientific linguistic community no agreement has been found. Why is there not a common agreement?

The answer is simple: there is not a common agreement because the perfect method does not exist. It is a mixture, a balance between the existing theories and the ability of the teacher to adapt them to the necessities of the students. There is not a perfect method, in the same way that there are not two equal students. It is all a matter of balance.

However, what seems evident is that linguistic sciences have always been behind teachers, and this is what we are going to see along this topic.

TEMAS 9 Y 10:

"Sorry?" What? Can you repeat, please? "Can you say that again?"

How many times do Spanish speakers hear this when they are speaking English? Maybe hundreds, so it is clear that something is not working... even when the vocabulary and the grammar are perfect. So, what is the problem? Probably, pronunciation.

Everybody knows how difficult it can be to acquire a good "native" pronunciation in any language we are learning. But, don't worry!!! Even in the case of English pronunciation, where this seems to be a madhouse, rules do exist... sometimes!!

TEMAS 10 Y 11:

Words are a strange thing. Someone once saw an animal and decided: "this is a cat" and a cat it was. And this word was assigned to this animal. After that someone drew a semicircle, a pyramid, cut it into half, then a horizontal line and a vertical one below it and the word cat was written. And the same process happens with all words... everything in the world has been linked with a sound and with a word, and this link has been random! In the case of the English language, this goes together with the difficulty of pronouncing many words.

But don't worry!!! In the case of English orthography, rules do exist!!

And this is what we are going to study in this topic, the rules that can help students and teachers to acquire a better command of the English orthography.

TEMA 12:

Do you remember art class? Glue was important but it wasn't the most important thing. Nobody looked at your piece of art and complemented you on how well you used the glue. Glue isn't spectacular. It's important because it holds all things together, but it's not the main component.

Language learners understand that grammar is the glue of language. Vocabulary, verbs, prepositions, etc. turn into phrases, and these into conversations. All these elements are the key ingredients in language. Grammar is important, but its function, like the glue's function, is to hold all the other parts together.

It is for this reason that in this topic we're going to see the important role grammar has in the learning of any language.

TEMAS 15 Y 16:

Einstein once said: "If you want your children to be intelligent, read them fairy tales, if you want them to be more intelligent, read them more fairy tales". Following his idea, teachers have the opportunity to make their students not only more intelligent, but also creative, open minded, daydreamers and surely, happier. And all of this with just one thing: books. Books enable students to be in many places, to know many people and to experience different feelings while they read. We could say that books give much more than they ask for.

In this topic we will see the importance of literature as a resource...

TEMA 17:

Once upon a time, Plato said that music was the most potent instrument because rhythm and harmony find their way into the inward places of the soul. So, as Fredy Mercury said, it's a kind of magic (to be read with the Queen song intonation).

It doesn't matter where you go. Every educational system on Earth has the same hierarchy. All of them. At the top are mathematics, sciences and languages, then the humanities, and at the bottom, arts. When children grow up, we start to educate them progressively from the waist up. We focus basically on their scholar achievements. But what about their soul?

This is why I have selected this topic as it talks about how important music is in the development and learning of a language, as it is part of our daily life.

TEMAS 17, 18, 19 Y 24:

I love reading as much as I love everything related with educating people, and when you put these two aspects together, you can find authors such as Alex Rovira, one of the most important Spanish writers nowadays. Rovira makes one thing very clear when talking about education: without motivation, there is no learning. As with everything in life, motivation is the key to success, and we are lucky, because we have the opportunity to teach students during the Primary Education Stage, where it is still very easy to motivate them. Singing, acting, playing or using new technologies are some of the different things we can do in class.

TEMA 18:

- Mum, can I play?
- Have you finished your homework?
- Not yet.
- When you finish it, you can play.
- Mum, can I play now?
- Have you finished your homework?
- Yes, I have.
- Can I see it? Because you can't play until it is completely done.

This is a conversation that takes place every day in many homes between parents and children. In this typical situation the question should be... if children love playing, why don't we, as teachers, use this to help them learn while they are having fun?

In this topic we are going to see the importance of games when children are in the Primary Education stage and how we can use different games to learn a foreign language.

TEMAS 20 Y 21:

I am a runner and, as with many others, my main goal was to be able to complete a marathon. I did it; in fact I have done it several times. But this couldn't be possible without the correct preparation. To succeed in completing a marathon, you need to do many things: you have to start training several months before, you need to eat properly and supplement your diet with vitamins and minerals, you have to stretch your muscles frequently, and of course, you need to know all the details of the race, weather, the altitude, the track... So, summing up, you need organization, preparation and to know perfectly everything related with the race.

The same happens with education. If we, as teachers, have goals we want our students to achieve, we need to know the theoretical basis that support education, and we need preparation and organization in everything we are going to do.

TEMAS 20, 21 Y 22:

Once upon a time, there were three little pigs that needed to build a safe house to be kept from the big, bad wolf away. The first two pigs built their house quickly. One used straw and the other used sticks, as both of them wanted time to play and relax. The third pig chose to build his home step by step, from the foundations to the roof, investing time and effort and using bricks in order to make a safe and beautiful house.

If we compare the house of the third little pig to our class, the bricks are all the aspects that, as in the structure of a house, we have to take into consideration when we teach: the class and time management, the methodology or the role of the teacher among others. We have to be like the third pig, investing time and effort in building the learning of the students, taking into account all of the important aspects needed. In this unit we will see ...

TEMA 24:

Whatsapp, selfie, webcam, hastag, influcencer, gamer, webinar, start-up, fake, trendy, newsletter, post, ebook, copyright, back-up, software, spoiler... all of these are words recently added in the Spanish dictionary, and do you know what they all have in common? Yes, you are right: technology. For better or for worse, technology is an important part of our life and all our students are currently technological natives, so why don't we take advantage of technology in our daily practice?

OPOTIP 2

SÉ UNA ESTRELLA MICHELÍN

Como ves, en este primer capítulo te hemos dado muchos ejemplos sobre cómo introducir los temas sin que sean aburridos e intentando llamar la atención del tribunal. Algunos de ellos hacen referencia a experiencias personales, otros están diseñados en forma de diálogo y otros hacen al tribunal pensar en algo conocido. Ideas hay muchísimas, pero es muy importante que busques tu propio estilo y que no copies ninguna de las introducciones que hemos compartido en este libro. Si lo haces, ya no serás ni original, ni creativo, ni los temas serán tuyos. ¿Crees que Elena Arzak, Ferrán Adriá o Quique Dacosta han conseguido sus estrellas Michelin y han llegado a ser de los mejores cocineros del mundo copiando recetas de otros? Evidentemente no. Lo han conseguido con recetas propias, originales, creativas, bien elaboradas y que sorprenden a críticos de la cocina y a comensales. En la oposición, los "críticos" son los miembros del tribunal, y solo te darán la estrella Michelin de la oposición si demuestras todos esos atributos: originalidad, creatividad, buena elaboración y elementos de sorpresa.

5.3. Desarrollo

El desarrollo es la **parte central** del tema donde debes explicar de manera detallada todos los epígrafes que has decidido incluir en él.

Algo importante que debes tener en cuenta antes de ponerte con el desarrollo de los epígrafes es todo aquello que los tribunales "esperan" encontrarse a lo largo del tema. Esto lo sabemos por los **criterios de evaluación** que se publican antes de que comiencen las diferentes pruebas de la oposición.

En el caso de los temas, en todas las comunidades para las que hemos preparado los denominadores comunes que siempre se exigen son:

- dominio del contenido
- claridad y precisión en las explicaciones
- legislación vigente
- fundamentación teórica: autores, libros, publicaciones, investigaciones, tesis doctorales, webs
- buen dominio de la lengua inglesa (vocabulario específico, sin errores gramaticales, etc.)
- aplicación práctica
- aportación de ejemplos
- creatividad y originalidad en el contenido
- información actualizada

No obstante, es conveniente que en primer lugar seas consciente de tu nivel de inglés y, si consideras que podría mejorarse, hagas que esa sea tu prioridad hasta que llegue el día del primer examen.

A lo largo de todos estos años inmersas en el proceso de oposiciones hay algo que nos ha quedado claro: un contenido flojo defendido con un muy buen nivel de inglés tiene muchísimas posibilidades de pasar desapercibido, mientras que un buen contenido con un nivel de inglés flojo no corre la misma suerte. En este último caso lo que pasa desapercibido es el buen contenido, ya que queda mermado por el bajo dominio de la lengua inglesa.

Haznos caso: un nivel alto garantiza que vayan a prestar atención a lo que dices o lo que escribes y esto es básico para pasar a las siguientes fases.

En el caso de que tu nivel de inglés no sea alto **(recomendamos mínimo un C1)**, te aconsejamos que te busques un buen profesor/a que te corrija los temas y a quien puedas leer en voz alta. Una buena pronunciación, ritmo y entonación deben convertirse en tu fortaleza.

Con respecto al resto de ítems, te aconsejamos que cada vez que elabores un tema tengas un listado de **"lo que debe contener mi tema"** y a medida que lo vayas haciendo vayas tachando los diferentes elementos. De esa forma, si al acabar el tema hay algo que no has añadido, enseguida te darás cuenta y podrás incluirlo.

Ahora bien: **¿cómo desarrollo el tema?, ¿por dónde empiezo?**

La mayoría de los opositores tienen muchos problemas a la hora de desarrollar los temas como tal, porque no saben muy bien de dónde sacar la información, qué poner y qué descartar, qué fuentes son más fidedignas y cuales no lo son.

La elaboración de los temas es un proceso largo y costoso, no te vamos a engañar, pero hay algunos consejos que te podemos dar para que te resulte algo más fácil cuando decidas ponerte con ello.

La mayoría de los opositores se apuntan a una academia o buscan un preparador que les pueda guiar.

También existe la opción de que compres el temario por internet o que te los descargues de forma gratuita. Por último, también puedes contactar con algún docente con plaza y buena nota que esté dispuesto a venderte o proporcionarte sus temas.

En cualquiera de los casos tendrás en tus manos 25 temas "originales" donde, en principio, estará la mayoría de información base. Con ella ya podrás empezar a confeccionar los primeros borradores de tus temas.

- ¿Cómo que borradores? - Como lo oyes.

Tus temas van a sufrir varios procesos de profunda transformación y poco tendrá que ver su primera versión con la última.

Una vez adquirido el temario base, los pasos a seguir según nuestro criterio para elaborar tu propio temario son los siguientes:

- **Comprensión del mensaje general del tema**

Es **importante, básico y VITAL que comprendas el tema.** Esta es la norma número uno de cualquier opositor que de verdad desee la plaza. No se puede empezar la casa por el tejado o hacerla de materiales poco consistentes, como les pasó a los dos primeros cerditos del cuento. La estrategia de coger párrafos de aquí y de allá y hacer un tema a base de remiendos no te va a llevar al éxito, aparte de que no tiene ningún sentido a nivel "ético".

Eres docente y como tal, **debes dar ejemplo a la hora de enseñar y aprender de la mejor manera posible.**

Por ello, coge el tema, siéntate con tranquilidad y léetelo con la intención de comprenderlo, de sacar su esencia, de llegar a sus conceptos básicos.

Es primordial que te hagas una idea general de lo que el tema desea transmitir para que luego sea más sencillo para ti elaborarlo y saber qué es lo que tienes que ampliar o qué has de reducir o eliminar. Leer el tema con un folio al lado e ir sacando todos los conceptos esenciales que aborda te será de gran utilidad.

- **Elabora su esquema**

Una vez has leído el tema varias veces, **lo has comprendido** y te has hecho una idea general de sus conceptos básicos, debes dividir el título oficial en varios bloques o epígrafes (palabra más común en la jerga del opositor).

Lo normal es que, teniendo en cuenta los títulos que suelen tener todos los temas, salgan 3 o 4 bloques a desarrollar. Aquí nos gustaría incidir en que, en ocasiones, como ya hemos explicado en otro apartado, el título deja algún contenido importante sin nombrar (probablemente por llevar vigentes desde 1993). Por ello, en el desarrollo del índice, cuando dividas el título en diferentes bloques puedes añadir alguno más, si lo consideras oportuno.

Para ayudarte en la comprensión de este apartado, vamos a poner un título de un tema, en este caso el 1 y a continuación te vamos a indicar los bloques en los que nosotras lo dividiríamos.

Tema 1: La lengua como comunicación: lenguaje oral y lenguaje escrito. Factores que definen una situación comunicativa: emisor, receptor, funcionalidad y contexto.

Outline:
  1. *Introduction*
  2. *Language as Communication*
     2.1 The concept of language
     2.2 Relation between Communication and language
     2.3 Communication in the 21st century
  3. *Oral and written language*
     3.1 Characteristics of oral language
     3.2 Characteristics of written language
     3.3 Differences and similitudes between oral and written language
  4. *Factors defining a communicative situation*
  5. *Functions of language*
  6. *Conclusion*
  7. *Bibliography*

Si te fijas en este caso, el tema fácilmente se podría dividir solo en dos bloques, ya que así lo marca el título. No obstante, esa manera de proceder haría el tema muy pesado para el tribunal, puesto que solo se hablaría de dos "temáticas".

Hemos comprobado con los años (tanto siendo miembros de tribunal como preparadoras) que en lo que respecta a la lectura de un tema, el **tiempo de atención de escucha activa es limitado** y ese es el motivo por el que los diferentes epígrafes, pausas y subapartados son necesarios.

Por ello, en este ejemplo que hemos puesto hemos dividido los dos grandes bloques en 4, y dentro de ellos hemos añadido algún punto que consideramos se debía tratar.

Por ejemplo, en 1993 apenas se utilizaban las nuevas tecnologías, no existían los móviles, ni las *tablets* y mucho menos herramientas de comunicación directas y rápidas de las que sí disponemos ahora, como el *WhatsApp*, el correo electrónico o las redes sociales. Por ello, si el primer punto habla de lenguaje y comunicación y hoy en día una forma de comunicación diaria son los mensajes de *WhatsApp* y los emoticonos como sustitutos del lenguaje no verbal, debemos mencionarlo. Este es el motivo de que hayamos añadido un subpunto sobre la comunicación en el siglo XXI.

- **Recopila información para cada bloque.**

No te conformes con la información que aparece en el tema de tu academia. Además de no ser suficiente, ¿te haces a la idea de cuántas personas pueden tener tu mismo temario? Por otro lado, parte de la información que encuentres en los temas originales podría estar desfasada y no queda nada bien que el tribunal vea que el tema no se ha actualizado.

Hoy en día todos sabemos lo fácil que es acceder a la información, así que, de cada bloque busca autores que hablen de ello, artículos de internet, estudios publicados, investigaciones…

Cuando tengas toda la información recopilada, intenta resumirla hablando de lo esencial. A la hora de resumir, ten en cuenta las palabras máximas que deberías aproximadamente incluir en tu epígrafe. Ya te hemos indicado que los temas **no deberían superar las 2800 palabras**, así que, si tu tema tiene 4 epígrafes y a eso has de añadir la introducción y conclusión, quizá tu epígrafe debería tener de 500 a 600 palabras. Esto es totalmente orientativo y no tiene por qué cumplirse a rajatabla, pero lo que queremos evitar es que hagas bloques de 1000 palabras y que después tengas que eliminar más de la mitad.

Una vez tengas el resumen hecho, léeselo a alguien y pregúntale si la información es clara y sencilla, si va al grano y si el mensaje esencial queda claro. Esto no tendrás que hacerlo con cada bloque de cada tema, pero sí deberías hacerlo en los primeros, para asegurarte de que al receptor le llega el mensaje y lo comprende, ya que nos hemos encontrado con algunos casos de opositores que una vez terminados los temas no saben explicar con sus palabras lo que quieren decir.

Cuando la persona a la que se lo pases o leas te dé el visto bueno, continúa con otro epígrafe. Esto te evitará hacer trabajo en balde, porque si haces el tema completo y cuando se lo lees a otra persona no lo entiende, has trabajado de más para nada. Hazte a la idea de que elaborar los primeros temas es lo que más cuesta, ya que partes de cero. Despacito y buena letra: *"Practice makes perfect"*.

- **Comprueba todos los *"must"*.**

Una vez que tengas todo el tema elaborado y hayas completado todos los bloques, comprueba si has incluido todos los ítems necesarios (aparecen en los criterios de evaluación y en los puntos posteriores de esta guía).

Al final del libro, encontrarás un código QR para que te descargues las plantillas que te mostramos a continuación (formato digital y PDF) con las que podrás comprobar si tus 25 temas contienen todos los aspectos imprescindibles que deben aparecer en los mismos. Tan solo tendrás que introducir el código PLANTILLASPRACTICEMAKESPERFECT en tu carrito. A continuación, en la página siguiente te mostramos la plantilla en miniatura para que veas en qué consiste.

PLANTILLA TEMAS

TEMAS:	1	2	3	4	5	6	7	8	9	10	11	12	13	14	15
INTRODUCCIÓN:															
ÍNDICE:															
DESARROLLO:															
Legislación.															
Relación con otros temas.															
Ejemplos.															
Aplicación didáctica.															
Fundamentación teórica:															
Autores/libros.															
Neurociencia.															
Publicaciones/tesis/investigaciones															
CONCLUSIÓN:															

▶ **Entrégaselo a tu preparador o la persona que te esté ayudando en el proceso.**

Si te estás preparando por tu cuenta, léele el tema a alguien que ya haya pasado por el proceso y pídele que te diga qué le ha parecido.

Es muy importante tener una segunda opinión, ya que a ti te puede parecer muy claro un concepto, pero puede pasar que se lo expliques a alguien y no entienda la esencia del mensaje.

OPOTIP 3

CONVIÉRTETE EN MARIE KONDO

Hay un aspecto que es clave en el proceso de preparar una oposición: **la organización**. Si eres una persona organizada (o te haces a lo largo del proceso), tienes mucho ganado, ya que el orden interno se refleja externamente, y eso te dará muchos puntos de cara al tribunal. Este consejo no sirve solo para los temas, sino para cualquiera de las partes que conforman el proceso de oposición. Tener carpetas en tu dispositivo electrónico y subcarpetas dentro de esas carpetas con toda la información clasificada te ayudará a muchas cosas: la primera, a encontrar lo que busques sin volverte loco/a y la segunda, a convertir tu mente en carpetas de clasificación, conociendo perfectamente el contenido que hay en cada una y pudiendo acceder a ellas sin necesidad de abrir el ordenador.

Sin duda, esto te ayudará a hacerte más ordenado/a a medida que pase el tiempo. Tanto la organización como el orden son hábitos que se pueden adquirir, así que, aunque te consideres una persona poco organizada, si le pones empeño y decides serlo desde el minuto uno de tu preparación, te aseguramos que puedes llegar a convertirte hasta en una persona obsesiva por el orden (y hablamos por propia experiencia).

5.3.1. ¿Cómo introducir la legislación?

El marco legal es vital dentro de la oposición. Tanto para el desarrollo de los temas como para la resolución de los supuestos prácticos, pasando por el diseño de la programación y las unidades didácticas, tienes que basarte en la legislación vigente.

De hecho, como ya hemos comentado anteriormente, hacer referencia al marco legal y utilizarlo correctamente es uno de los aspectos que los tribunales tienen en cuenta y valoran. Parte de la nota de cada uno de los elementos depende de una buena **relación entre el contenido y la legislación**.

Uno de los problemas al que todo opositor se enfrenta tiene que ver con el marco legal. En nuestros años de experiencia como preparadoras algunas de las preguntas más comunes han sido: **¿cuántas referencias a la legislación tengo que hacer?, ¿cómo introduzco legislación en este tema?, ¿puedo poner toda la legislación junta y así me despreocupo?**

Vamos a ver si podemos aclarar esas y otras preguntas:

Lo primero que te vamos a decir es que no uses la legislación en la introducción de los temas. Debes tener en cuenta que la introducción es la carta de presentación en las oposiciones de casi todas las comunidades, e incluso en las comunidades que comienzan por la parte práctica, el tema sigue siendo parte importante y hay que intentar sacar la mayor nota posible.

Como hemos visto anteriormente, hay maneras originales y diferentes de comenzar un tema, y siendo la introducción lo primero que el tribunal escucha o lee, lo mejor es que no le aburras desde el principio porque, seamos sinceros, cuando escuchas o lees el tema de 90 opositores uno detrás de otro, la legislación se hace pesada. Por ello, lo mejor es ir intercalándola a lo largo de todo el tema, ya que en 2500-2800 palabras tienes muchas oportunidades de poder incluir referencias legislativas.

Es cierto que los temas son teóricos y deben estar sustentados por la legislación, pero tampoco se trata de saturarlos con demasiadas referencias a leyes.

De este modo, la mejor opción es conseguir incluir una referencia legislativa en cada uno de los epígrafes.

Normalmente, el título del tema da para 3 o 4 epígrafes, así que al menos tendrás 3 o 4 oportunidades para incluir legislación, y con eso sería suficiente.

Cuando hablamos de legislación nos referimos a todo el **marco legal vigente** en el momento de la oposición. Ello incluye, en nuestro caso, la **ley de educación estatal vigente en ese momento, el Real Decreto que deriva de ella/s, los decretos de cada comunidad autónoma, órdenes, resoluciones y artículos específicos tanto a nivel estatal como a nivel autonómico y el Marco Común Europeo de Referencia de las Lenguas** que, hoy en día, es el documento que dictamina las bases sobre el aprendizaje del inglés como lengua extranjera en todo el territorio europeo.

Otro consejo que te podemos dar es que utilices diferentes referencias a lo largo del tema. Si en un epígrafe has nombrado la **Ley Educativa (LOE, LOMCE, LOMLOE** o la que haya vigente en ese momento), trata de que la siguiente referencia que incluyas sea a un **decreto, al Marco Común Europeo o a una orden educativa.**

De esa manera, el tribunal no sólo se dará cuenta de que, efectivamente, conoces la legislación, sino que además, la dominas de tal manera que puedes usar diferentes referencias legislativas adaptadas al contenido del que se hable en cada momento.

5.3.2. ¿Cómo relacionar con otros temas?

Otro de los aspectos que se valora en los temas es que se demuestre que tienes conocimientos de todos ellos, así que es interesante que a lo largo del tema también **se haga referencia a contenidos que aparecen en otros** y dichos contenidos se enlacen correctamente.

El problema al que los opositores se enfrentan muchas veces es a no saber cómo hacer las conexiones o no tener claro cuánto contenido han de poner del tema al que se hace referencia.

En lo que respecta a cómo establecer estas conexiones, es más simple de lo que parece. En la mayoría de los 25 temas de los que consta nuestro temario aparecen conceptos repetidos. Por poner un ejemplo claro el concepto de competencia comunicativa figura en los 25, de una manera o de otra.

La competencia comunicativa como concepto teórico bien explicado se encuentra en el tema 3, donde se habla ampliamente de su origen, de todos los autores que han hecho aportaciones para completar su significado y en qué consiste su adquisición.

Por ello, cuando en cualquier otro tema que no sea el 3, aparezca el concepto de competencia comunicativa, puedes hacer referencia al tema 3 para explicar dónde se encuentra ese término bien definido y explicado.

Con respecto a cuánto habría que poner del tema al que se está haciendo referencia, la respuesta sería ni mucho ni poco. Es decir, ni puedes extenderte con largos párrafos para hacer una referencia a otro tema, ni valen frases tales como: "como aparece en el tema x". En un caso te excedes y en el otro, te quedas muy corto.

Vamos a poner un ejemplo con lo explicado hasta aquí:

El tema 14 trata de las metodologías que serían más adecuadas para lograr en los alumnos la adquisición de la competencia comunicativa. En ese tema los puntos "clave" son, por un lado la competencia comunicativa, ya que es lo que se pretende conseguir, y por otro, las metodologías adecuadas para lograrlo.

Pues bien, cuando vas a desarrollar este epígrafe, antes de adentrarte en las metodologías como tal, has de explicar el término "competencia comunicativa" para situar al tribunal. Esta explicación se podría hacer de la siguiente manera:

"When learning a language, the most important thing is to acquire the communicative competence. In fact, our Educational System considers this our main objective with our students, as it is stated in the Objective F of the Royal Decree 126/2014. The communicative competence, as it is explained in Topic 3, which talks about the four skills and their acquisition, consists of acquiring not only the linguistic competence, but four other competences necessary to master a language. These other competences are: the discursive, the cultural, the strategic and the social.

Como ves, ahí se pueden "matar dos pájaros de un tiro" haciendo referencia a la legislación y también al tema donde se explica la competencia comunicativa.

Por un lado, comentas que la adquisición de esa competencia aparece como objetivo primordial en la adquisición de la lengua inglesa, mientras que aprovechas para nombrar el objetivo específico y el decreto donde figura y, por otro, defines el término haciendo referencia al tema en el que se encuentra tal definición. De esta manera, has mencionado un tema y has nombrado un decreto, dos de los requisitos que se exigen en los temas.

5.3.3 ¿Qué autores incluir, cómo y cuándo incluirlos?

¿Cuántos autores debería mencionar en el tema?, ¿y cómo se incluyen?, ¿se cita solo el nombre o se pone el nombre, el libro, la editorial y el año de publicación?

Estas son algunas de las preguntas más frecuentes que surgen al desarrollar un tema y tener que incluir obligatoriamente autores y sus libros.

Vayamos por partes:
Como te hemos comentado previamente, la información aportada en los temas debe estar **justificada**, y esas justificaciones pueden venir del marco legal, de autores, de estudios realizados en diferentes instituciones como universidades, escuelas, etc.

Incluir autores en el desarrollo del tema no sólo es necesario (y así aparece reflejado en los criterios de evaluación de los tribunales), sino que además **muestra una buena preparación** por parte del opositor, sobre todo si se cumplen algunos requisitos.

Vamos a ver esos requisitos empezando por la primera cuestión:

¿Cuántos autores debería poner en el tema?
Para esta pregunta no hay una respuesta "válida", ya que en ningún sitio se menciona que haya que poner un número exacto ni que haya que poner más o menos de un número concreto. Para contestar a esta pregunta utilizaremos la lógica: ni muchos, ni pocos.

Lo más adecuado sería incluir varios autores, pero sin excederse. El motivo es que, si se ponen siete, ocho o nueve autores, prácticamente cada uno o dos minutos los estás citando, y eso puede sonar repetitivo e incluso pesado. Como dice el refrán "en el equilibrio está el éxito" y eso es lo que deberías intentar. Equilibrio significa que incluyas diferentes autores y que alternes entre algunos modernos y otros más tradicionales o clásicos.

En el ámbito del aprendizaje de lenguas extranjeras existen muchos autores que han aportado grandes teorías y que se deben conocer: **Chomsky, Hymes, Widdowson, Krashen, Piaget, Vygotsky o Nunan** son algunos de los que deben aparecer en los temas. Sin embargo, todos sabemos que la educación está constantemente en evolución y revisión, habiéndose convertido en un elemento de estudio.

Por ello, se han de incluir también autores modernos con sus últimos descubrimientos, teorías o investigaciones.

En este caso nos referimos a nombres como: Sir Ken Robinson, Boris Cyrulnik, Adrian Paenza, Coral Elizondo, Manu Velázquez, Mar Romera, Mario Alonso Puig, María Acaso, Alex Rovira, César Bona, José Antonio Fernández Bravo, Montserrat del Pozo…

Para incluirlos dentro de los temas se puede hacer de diferentes maneras:

- Puedes nombrar el autor y aquello que defiende añadiendo en la bibliografía el libro de donde lo hemos obtenido.
- Puedes incluir el autor, su teoría, el libro y el año de publicación en el tema y volver a ponerlo después en la bibliografía.

Ahora, como te hemos comentado anteriormente, en el equilibrio está el éxito, y lo mejor sería que algunos libros sí aparecieran a lo largo del desarrollo del tema, pero que otros aparezcan directamente en la bibliografía, para no recargarlo demasiado.

Queremos darte un último consejo en este apartado: cuando nombres cualquier autor, añade **qué profesión desempeña**.

Mira estos dos ejemplos:

- *Related to motivation, Alex Rovira states that the motivation is the key to learning because…*
- *Related to motivation, the Spanish writer and international speaker Alex Rovira states that the motivation is the key to learning because…*

¿Cuál de los dos ejemplos te parece más completo y que da un mayor empaque al tema? Obviamente, el segundo.

Por ello, te aconsejamos que presentes a cada una de las personas por aquello a lo que se dedican, por el mensaje que transmiten, por aquello que los hace únicos, ya sean conferenciantes, profesores, investigadores, escritores o directores de cine.

OPOTIP 4

INVESTIGA Y TRIUNFARÁS.

Existen maneras de encontrar diferentes autores comprometidos con la educación y que pueden aportar calidad y originalidad a tus temas. Por ejemplo, en el Premio Global a la Enseñanza (*Global Teacher Prize*) cada año se galardona al mejor docente del mundo en un evento al que van los que han sido previamente elegidos como profesores del año en sus países. Una de las maneras que tienes de descubrir a grandes educadores es investigar sobre esas personas, informarte sobre qué les ha llevado a conseguir ser los mejores en sus países y ver si eso puede servir de ayuda en la oposición, es decir, si lo que defienden sería aplicable a la enseñanza de la lengua extranjera.

Otro recurso que no se te puede olvidar es el movimiento educativo que utiliza como plataforma las redes sociales (más concretamente, *Instagram*) y que responde al *hashtag #claustrodeig*. En él, podrás encontrar cómo docentes de todo el territorio español (y de todo el mundo) comparten sus vivencias, recursos, ideas, dinámicas y reflexiones. En el caso de que utilices este recurso, no olvides nombrar las cuentas de los profesores que menciones. Además, ahora mismo también tienes la posibilidad de descubrir grandes educadores y profesionales de la educación en los ciclos de conferencias que publica BBVA, "Aprendemos Juntos" y las famosas *TED talks*.

Con todo esto, ya podrías hacerte un buen listado de docentes, educadores e investigadores.

Una vez tengas el listado (con unos 10-12 sería suficiente, para utilizar tanto en los temas como en los supuestos prácticos), tendrás que ver en qué temas podrás incluirlos y si alguno de ellos podría aparecer en varios temas (aprovechamiento de recursos).

Vamos a ponerte un ejemplo de lo explicado en este apartado:
Hoy en día está más que demostrado que **la motivación es clave en el aprendizaje** y que sin ella, los niños no prestan apenas atención ni retienen conocimientos.

Siendo este factor tan importante, debería aparecer en muchos de los temas que conforman el temario, así que si encuentras un autor que defienda la motivación como factor esencial en el aprendizaje y lees su libro (si lo tiene), ya dispondrías de un "piñón fijo", es decir, de un autor con una teoría que puede incluirse en la mayoría de los temas.

¿Y qué es eso de un piñón fijo? En breve te lo contaremos.

5.3.4 ¿Cómo conectar las partes?

Una vez hemos explicado cómo incluir autores, vamos a tratar otro aspecto importante dentro de los temas: cómo conectar las partes.

A continuación, relee la última frase escrita en negrita. ¿Qué acabamos de hacer? Pues precisamente eso: conectar dos partes de un mismo epígrafe. Acabamos de escribir una frase que enlaza lo desarrollado anteriormente con lo que vamos a explicar a continuación. Esto se hace, en primer lugar, para dar contexto, pero también para que todo el contenido esté hilado y "suene" mejor.

Antes de adentrarnos en profundidad, queremos remarcar que la conexión entre dos apartados de un tema va a depender de un factor determinante:

¿Tengo que leer yo el tema en voz alta delante del tribunal o, por el contrario, es el tribunal el encargado de leerlo?

Pues bien, vayamos por partes:
¿Tengo que leer el tema en voz alta?
Si este es tu caso, una de las normas importantísimas durante la lectura es que debes leer **TODO** lo que hayas escrito y que por tanto no puedes ni poner ni quitar contenido durante la lectura. Por ello es necesario que, a la hora de escribir el tema, cambies un poco su registro y apliques algunos consejos que van a facilitar su lectura y comprensión por parte del tribunal.

En primer lugar, deberás redactar el índice. Para que entiendas el porqué de esto, te animo a que leas en voz alta estos dos ejemplos:

- ★ Ejemplo 1:

Outline:

0.- Introduction
1.- Language as communication
2.- Oral and written language
      3.1 Characteristics of oral language
      3.2 Characteristics of written language
      3.3 Differences and similitudes between oral and written language.
3.- Factors defining a communicative situation
4.- Functions of language
5.- Conclusion
6.- Bibliography

- ★ Ejemplo 2: en la lectura podrás abordar el índice leído ayudándote de los dedos de las manos para enumerar los bloques.

This topic will be divided in five blocks. The first block is focused on the "Language as communication".
The second block, "Oral and written language", will be developed, due to its importance, in 3 sections: characteristics of oral language, characteristics of written language and differences and similitudes between oral and written language.
The fourth block corresponds to "Factors defining a linguistic situation" and the fifth and final block will be focused on the functions of language.

The legal references, bibliography and webography and the conclusion will form the end of this topic.

¿Con cuál de las dos opciones te has sentido más cómodo/a?, ¿cuál crees que sonaría mejor leído frente a un tribunal?

Como has visto, en los dos casos hay un índice en el que se marcan exactamente las partes de las que se compone el tema. A nivel de contenido no hay diferencia entre los dos, pero **a nivel de forma, sí.** Mientras que el primero es el típico índice que te encuentras en cualquier libro o artículo que contenga apartados, el segundo es una explicación de todas las partes que se van a tratar en el tema y su orden, estando este último mucho más hilado, lo que hará que suene mejor cuando se lea.

Este consejo no sirve solo para el índice, sino que ha de ser una **"norma general"** para el resto del desarrollo del tema. Por ello, una vez se acabe de explicar el índice, el tema necesitará un **párrafo conector** que enlace el índice con el primer epígrafe y a partir de ahí, cada vez que acabes de explicar un epígrafe deberás conectarlo con el siguiente.

Por ejemplo, no es lo mismo acabar con un epígrafe y decir: *"Block number 4"* y desarrollarlo que decir: *"once I have explained in detail Block number 3, I am going to develop Block number 4 which consists of…"*.

De esta manera, **estás guiando al tribunal** en la lectura, **situándolo, intentando conectar con él** y de una forma indirecta, le estas diciendo **dónde te encuentras y cuánto te falta para terminar**.

Si empatizas un poco con el tribunal (muchas horas, muchos opositores por tribunal, calor, etc.), te darás cuenta de que cuanto más les guíes y más les orientes, mayor sensación de control y seguridad le vas a transmitir.

Por el contrario, si el tribunal va a leer el tema, sí va a tener sentido marcar numéricamente, con guiones o de una forma más esquemática, las transiciones.

5.3.5 Diferencia entre aplicación didáctica y ejemplo y cómo incluir ambos

Dos de los mayores problemas a los que el opositor se enfrenta en la elaboración de los temas son, por un lado, **ejemplificar la parte teórica** para que esta quede más clara y por otro, **incluir aplicación práctica.** Estos problemas ocurren porque muchos confunden ambas cosas y a la hora de tener que poner ambos en los temas no saben a qué hace referencia cada uno.

Lo que te vamos a contar a continuación es muy importante, ya que en la mayoría de los títulos de los temas se pide la aplicación práctica. Además, en los criterios de evaluación en los que se basan los tribunales a la hora de evaluar, suelen aparecer ítems como: **"Ejemplifica nombrando autores, teorías y estudios"** o **"Aplicación práctica/didáctica".**

Vamos a definir cada uno de esos términos:

<u>**Aplicación práctica/didáctica:**</u> Cuando en un tema aparece este elemento como epígrafe completo o como parte de un epígrafe, lo que se pretende es que se explique o se muestre de qué manera el contenido teórico específico de ese tema podría utilizarse en el aula, en forma de actividad, tarea, juego, etc.

Por ejemplo, imaginemos que estás en el tema 7, el cual profundiza en la lengua oral, y estás desarrollando el epígrafe que se centra en la primera de las habilidades lingüísticas: la escucha o, como más comúnmente la conocemos los profes de inglés, el *listening*.

En ese punto, sea cual sea tu tema (de qué academia o preparador) se habla de que la mejor manera de trabajar un *listening* en clase es a través de 3 fases: *pre-listening, while-listening* y *post-listening*. Por tanto, cuando estés desarrollando ese punto puedes hacer dos cosas:

- Explicar en qué consisten esas tres fases de manera teórica y dejarlo así.
- Explicar en qué consisten las tres fases, pero añadiendo la aplicación didáctica, es decir, una actividad para cada fase.

La primera opción sería correcta pero seguramente no sería suficiente, ya que el tribunal entendería mucho mejor los tres pasos del *listening* si se proporcionara una aplicación práctica.

En el segundo caso puedes elegir un curso, una metodología (seguidamente te daremos un *opotip* sobre esto) y un *listening*. Con estos tres elementos podrías redactar en tu tema de la manera siguiente:

"To deal with these three stages we could make use of 3 different activities that could be done in a 3rd level class. Imagine this class is learning through a CLIL (Content and Language Integrated Learning) methodology in which the students learn English through contents from other areas. In this case they are learning the water cycle, and to help students understand the process they will learn a song as a way of reinforcement. The song goes:

"Water travels in a cycle, yes it does, Water travels in a cycle, yes it does, It goes up as evaporation, Forms clouds as condensation, Then falls down as precipitation, Yes it does".

A continuación, le explicarías al tribunal los 3 pasos que se trabajarían en la canción:

- *In the Pre-listening stage, the teacher prepares the students for the listening. Here the teacher shows the students three videos on the interactive whiteboard. The videos show a cloud, a rainy day and a pot of boiling water. Through this, they are introduced to the words evaporation, condensation and precipitation.*

* *In the While-listening stage, students must pay attention to the content, in order to have a general idea of the text (skimming) or to detect specific information (scanning). Following with the same example, during the While-listening activity, students could listen the song twice while they fill in the words previously learnt, in the correct place of the water cycle. Then, intensive activities such as true/false questions or multiple-choice questions could be developed.*

* *Post-listening activities are those activities in which students must practice the content learnt in a more communicative way and on the basis of the content previously dealt with. This has the aim of showing that the text has been understood. Students can do a project in which they could draw the water cycle and later explain it to the rest of class.*

Como puedes ver en este ejemplo, lo que hemos hecho es explicar un concepto teórico (las tres fases de la actividad oral) y junto con cada explicación, hemos añadido una posible actividad que se podría hacer con un grupo en concreto (3.º de primaria) y una metodología.

En la página siguiente encontrarás el quinto *opotip*, orientado a que sigas una estrategia para ahorrar tiempo de estudio.

OPOTIP 5

MATA DOS PÁJAROS DE UN TIRO (que nos perdonen los pájaros).

Como has visto en esta aplicación práctica, hemos aprovechado para incluir una metodología moderna que se está usando mucho en los centros educativos.

De esta manera, "matas dos pájaros de un tiro" ya que, por un lado, estás apoyando la teoría en actividades de aplicación práctica que ayudan a la comprensión de los miembros del tribunal y, por otro, estás demostrando que los temas están actualizados y son originales, puesto que en ningún tema de 1993 se hablaba de la metodología CLIL.

Utilizar esta estrategia puede abrirte mucho camino en la resolución de los supuestos prácticos, dado que estos se centran en aplicación con ejemplos de actividades.

Imagina que en tu oposición saliera un supuesto práctico en el que te piden que elabores una unidad didáctica basada en una metodología actual. Rápidamente podrías recurrir a este ejemplo: el ciclo del agua para tercero de primaria, elegir la metodología CLIL y ya tendrías la primera sesión diseñada, con la canción del ciclo del agua y las 3 actividades de *pre, while* y *post-listening*.

Por ello, el consejo que te damos es que cuando incluyas aplicaciones prácticas en los temas, aproveches para relacionarlas con metodologías activas, con valores, con elementos transversales, con las *skills*, con leyes… para que de esa manera te vayas acostumbrando a "matar varios pájaros de un tiro", creando un bagaje lo más completo posible para los supuestos prácticos.

Ejemplos:
Todos conocemos el significado de "ejemplo". Con ellos, en el ámbito educativo, se pretende aclarar algo que de manera "teórica" no queda lo suficientemente claro.

Durante el desarrollo de los diferentes temas vas a hablar de numerosos conceptos, autores, metodologías, teorías… Su comprensión va a quedar mucho más clara, más justificada y va a plasmar más tu dominio de la materia si incluyes ejemplos.

Ahora bien, de la misma manera que sucede con los autores o con la legislación, ¿cuántos ejemplos debo incluir? Pues la respuesta sería la misma que ya hemos dado antes: ni muchos ni pocos.

Vamos a ver diversos ejemplos y cómo introducirlos:

En el tema 1, en uno de los epígrafes debes explicar los factores que definen una situación comunicativa, es decir, el emisor, receptor, canal… y todo eso que habrás estudiado unas cuantas veces durante la carrera.

Pues bien, en lugar de explicar elemento a elemento como seguramente hará el 90% de los opositores, **¿por qué no darle un toque un poco más personal?**

Veamos cómo sería:

FUNCTIONS OF LANGUAGE

Many authors have developed their own models of communication, naming and defining the different elements that take part in it. I have decided to explain the elements of communication according to the linguist Armstrong Richards in his theory of language. This theory states that we can name a number of elements which are necessary in any communicative exchange, which are: context, sender, receiver, channel, code and subject.

To explain this, a concrete situation comes to mind: the case of the Noble Prize given to Malala, a young female activist from Pakistan who won this prize in 2014 when she was 17 years old. In that ceremony, Malala asked for free education all around the world.

If we think about Malala giving her speech, we can name all the different elements that take part in the communicative act.

*In this speech, the **sender** is obviously Malala. We are the **receiver**; the planet, all the human beings. Among others, the **message** was "why are there countries in which giving guns is so easy and giving books so hard?". The **context** would be the Norwegian parliament, where she received the prize. The **channel,** the sound waves that travelled through the microphone, by means of which she gave her speech. And finally the **code**, the English language.*

These communication elements are always present in any situation and the lack of one of them supposes that the exchange of information will not be successful.

¿No te parece que cada uno de los elementos que forman parte del acto comunicativo quedaría mucho más claro para el tribunal si hacemos que se imaginen una situación real en la que se está dando una conferencia y aparecen todos esos elementos?

Pues eso es un ejemplo, que consiste en apoyar la teoría en algo que el tribunal conozca y pueda imaginar para clarificar. Piensa que un buen maestro/a es quien consigue que sus alumnos comprendan, que haga el aprendizaje cercano, entendible, sencillo y divertido y, al final, eso es lo que tú necesitas hacer con tus temas.

Veamos otros ejemplos:
Los primeros temas, concretamente los 1 y 2, hablan de la importancia de la comunicación y, sobre todo, del lenguaje. En el tema 1 se explica que la comunicación sería imposible si no hubiera lenguaje y se definen ambos términos de manera teórica. Sin embargo, puedes no ceñirte al contenido puramente teórico y aprovechar para explicar que el lenguaje no se reduce solo a las lenguas, sino que puede ser cualquier elemento que se utilice como medio de comunicación, siempre que emisor y receptor lo comprendan.

Por ejemplo, las siguientes son formas de lenguaje: las señales de tráfico, los emoticonos del *WhatsApp*, el lenguaje de signos usado con las personas sordomudas, los sonidos que emiten las ballenas, el lenguaje gestual, la sirena de una ambulancia, etc.

Aquí se ha visto con mayor claridad qué es un lenguaje y, para facilitar la comprensión del tribunal, hemos dado varios ejemplos de diferentes tipos de lenguaje.

5.3.6. Bibliografía y legislación

Uno de los puntos obligatorios que debes incluir en todos los temas es el de **bibliografía.** En este apartado vas a aprender cómo hacerlo.

En primer lugar, debes ser **organizado/a**. No pongas todo mezclado sin lógica ni orden. Normalmente lo que se incluye en la bibliografía es: **legislación, autores con sus libros** (siguiendo las **normas oficiales APA**) **y páginas web.**

En cuanto a la legislación, lo mejor es que la organices citando las leyes, **de las más generales a las más específicas**. Es decir, primero leyes o reales decretos estatales, después, leyes o decretos autonómicos y, por último, órdenes o artículos específicos.

En cuanto a los autores, te puede ayudar ir escribiendo en un folio aparte todos aquellos que vayas incluyendo durante el desarrollo del tema. Así, cuando lo acabes, ya tendrás todos los libros con sus autores por orden de aparición en tu tema.

Finalmente, debes citar las **páginas web** a las que se haya hecho referencia a lo largo del tema, así como **tesis doctorales** o **estudios de empresas, universidades**, etc. (en el caso de que hayas añadido). No es obligatorio hacerlo, pero sí conveniente. Nombrar una tesis doctoral o hacer referencia a un estudio llevado a cabo en una universidad de prestigio no solo te hace diferente en tu tema sino que además muestra tus amplios conocimientos y el trabajo dedicado a su elaboración.

5.3.7. Conclusiones

Llegamos a la parte final de nuestro primer bloque: **las conclusiones.**

Hemos dejado esta sección para el final porque consideramos que cerrar los temas con la bibliografía no es lo más atractivo para un tribunal, ya que cuando llevan mucho rato leyendo o escuchando lo que más pesado se les puede hacer es una bibliografía.

Por eso, uno de los consejos que te damos es que leas (o escribas, si lo va a leer el tribunal) la bibliografía antes de la conclusión. De esa manera dejarás al tribunal con mejor "sabor de boca".

Como regla general, las conclusiones deberían ser cortas (**más vale calidad que cantidad**). Este es el último apartado del tema y, casi seguro, cuando llegues a esa parte cada miembro del tribunal tendrá ya tu nota más o menos clara, así que te aconsejamos que no arriesgues escribiendo conclusiones muy largas porque te expones a que al tribunal se le haga eterno tu tema y eso repercuta negativamente en la nota.

Lo mejor es hacer una conclusión concisa, clara, directa y, si puede ser, que toque las emociones del tribunal. Por otra parte, también está muy de moda acabar con una frase célebre o *quote*.

Personalmente, no es lo que más nos gusta, ya que no es algo que haya elaborado el propio opositor ni que refleje su lado más humano, pero serviría para salir del paso.

También debes tener en cuenta que no todas las frases célebres llegan igual. Por ejemplo, si acabas con "*Education is the weapon that can change the world*" de Nelson Mandela o con "*Tell me and I forget, teach me and I remember, involve me and I learn*" de Benjamin Franklin, seguramente no aportarás nada nuevo ni sorprendas al tribunal porque se trata de frases célebres archiconocidas y aunque para ti sean novedosas o te puedan gustar, para el tribunal puede que no lo sean tanto o que tú seas la quinta persona que la usa en el tema, lo cual te quita bastante mérito.

Huye de todo aquello que lleva años circulando en el ámbito educativo porque, como hemos comentado ya en varias ocasiones, el objetivo es que sorprendas al tribunal.

Otro aspecto importante que queremos destacar es que **una conclusión NO es un resumen**. Muchos opositores piensan que concluir consiste en volver a explicar cosas del tema pero de forma más resumida y no: **eso es resumir, no concluir.**

La conclusión será siempre la relevancia del inglés en nuestra sociedad y la importancia de motivar al alumnado, acercarles la lengua real, hacerles ver que con ella se pueden lograr muchas cosas interesantes, que el inglés puede ser divertido…

Algo que queda muy bien es cerrar el tema enlazando la conclusión con la introducción que se hace al comienzo del tema (como el ejemplo de *Coca-Cola*).

Para ayudarte un poco a entender lo que queremos decir, te ponemos, al igual que hicimos con las introducciones, diferentes ejemplos:

5.3.7.1 Conclusiones generales:

CONCLUSIÓN 1:

Who doesn't want to meet new people, or to have a good job in the future? Who doesn't want to travel and be able to communicate with other people, or to help a tourist who needs to find a street in our village? Who doesn't want to watch original version films or series and be able to understand them, or to understand a video of his/her favourite singer, dancer, football player or actor? Coca-cola was right, in the same way that this brand thinks about its beverage, we think about English: it is for everybody.

5.3.7.2 Conclusiones por temas:

TEMAS 1,2,3,7 Y 8:

In conclusion, I would like to say that teachers and students have to work together in order to build a solid foundation for our tower. A tower that allows us to communicate and to provide the students with strategies and vocabulary that not only support the learning of a language, but also the expression of the inner self. I am not just dealing with the concept of a second language or the concept of a mother tongue. I am dealing with body and mind, attitude and action. It is our duty to show our students that we care, that we really want them to be happy, to feel safe, to love English, and all this will only happen if we let them communicate, which, in the end, is what matters the most.

TEMAS 4 Y 5:

Once upon a time John Lennon wrote something that always makes me think. This was: You may say I'm a dreamer, but I'm not the only one, I hope someday, you'll join us, and the world would be as one.

And the fact is that every culture in the world is different, each has its own traditions, ideas, customs or ways of behaving. However, if there is something that is clear, is that the English language can enable countries to help each other, to cooperate among themselves. So, as English teachers we have a challenge and a goal, we have to plant the seed of diversity and cooperation in our students to make our planet a better place to live.

TEMAS 6, 13, 14 Y 25:

The language I am speaking right now is on its way to becoming the world's universal language, for better or for worse. Let's face it: English is the language of the internet, of finance, of air traffic control, of popular music, diplomacy... English is everywhere.

Wouldn't it be a kind of magic that our students develop the necessary skills and competencies to face this reality? Their future is in our hands.

To make this happen we need to be prepared, we need to know our students and we need to apply the best methods to enable them to learn.

So, we have to be brave because no one said it was going to be easy, but it will be worthwhile.

PRACTICE MAKES PERFECT

TEMAS 9, 10, 11 Y 12:

The English language is like Lego. If you want to build a solid structure, you need to put down the first few blocks in the right place. Students need to know the basics before they can build a beautiful sentence with their newly learnt words. This is precisely what we have seen in this topic. We have a big challenge in our hands: the challenge of providing our students with useful strategies to build language in order to be able to communicate, because in the end, this is the main goal of communication.

TEMAS 15 Y 16:

We just like Albert Einstein, want our students to be intelligent, but we also want them to be open minded, creative and most importantly, we want them to have wings to fly with their imagination to wherever they want to go. Books give them all these possibilities and many more, so our only mission as teachers is to give our students the opportunity to read as much as possible, to awaken in them a passion for reading because, as the famous quote states, everyone is a reader but some just haven't found their favourite book yet. So, lets help them find their ideal books!

TEMA 17:

Running, watching films, housecleaning, cooking, driving the car to work, designing materials for my students, going to a party... These are some of the most common things I normally do and, do you know what all of them have in common? MUSIC. Every time I have the opportunity, I play my Spotify playlist and I listen to my favourite songs. Everybody likes music, it is part of our lives since the day we are born. This is why it has to be also part of our pupil's learning experience.

Songs can help students to love English, which is our main goal, because as Francisco Mora states "you can learn only what you love".

TEMA 18:

Videogames, role-playing games, board games, computer games, sport games, strategy games, competitive games, virtual reality games, games. They are part of everyone's life, it doesn't matter what age we are, we love playing, because it is fun.

This is the reason why we should implement them in English classes, because if you put into a class ingredient, such as a good atmosphere, happiness, motivation and fun, your recipe is going to have learning as a result. And this is what games do in our classes.

So, as Michael Jordan said: Just play. Have fun. Enjoy the game.

Thank you very much for your attention.

TEMA 19:

When was the last time you let your students spread their wings and become shopers, police officers, bosses, singers and more? When did you give them the opportunity of being in a play, in a movie, in a concert, on a tv show or in a contest? We, as teachers, have an important goal, and that is to let our students dream and become whoever or whatever they want.

With this, we will allow them to gain confidence, to feel free in our classes and to expand their imagination. And what is learning but for all of this?

TEMAS 20, 21 Y 22:

Words are not thoughts, just like bricks are not homes. But houses are made with bricks. If the third little pig had had less bricks, he would have made an incomplete house. The more bricks you have, the bigger and stronger a house you will build. In the same way, the more aspects you know and you take into consideration related to the foundations of learning, the bigger and more successful teaching process the students will have.

In some way, our students' future is in our hands and we have to be prepared to help them acomplish it in the best possible way.

TEMA 24:

WhatsApp, selfie, webcam, hashtag, influencer, gamer, webinar, start-up, fake, trendy, newsletter, post, eBook, copyright, back-up, software, spoiler... all of these are words recently added in the Spanish dictionary, and do you know what they all have in common? Yes, you are right: technology. For better or for worse, technology is an important part of our life and all our students are currently technological natives, so why don't we take advantage of technology in our daily practice?

6.- PIÑONES FIJOS

Seguramente en algún momento habrás escuchado la expresión **"piñones fijos"**.

Piñones fijos son todos aquellos términos, conceptos, aspectos relevantes de la legislación o terminología específica del área de inglés **que aparecen en varios temas o incluso en varias partes del proceso de oposiciones.**

Esto es algo de lo que te vas dando cuenta a medida que vas desarrollando tus temas y adquiriendo conocimientos, pero para evitarte que tengas que darte cuenta cuando llevas 15, te vamos a ayudar un poco nosotras.

Los piñones fijos que hemos considerado imprescindibles te los vamos a detallar a continuación. No obstante, seguro que habrá muchos más, pero eso ya va a depender mucho de cada opositor y aquello que considere imprescindible mencionar en cada uno de los temas.

Como te he hemos comentado anteriormente, nosotras hasta la fecha pondríamos en todos los temas un piñón fijo que hable sobre motivación y ambiente positivo en el aula porque sabemos que esos dos factores son necesarios para que el aprendizaje tenga lugar.

Si nosotras tuviéramos que elaborar los temas ahora, todos contendrían un piñón fijo sobre esto (y sería el mismo piñón colocado en casi todos los temas).

Nuestra lista de piñones fijos es la siguiente:

- Competencia comunicativa: este puede que sea el concepto que más se repite. En algunos temas forma parte del título, mientras que en otros se necesita para explicar otros conceptos. Por ello te recordamos que tengas dos versiones de este término, una larga (cuando aparezca en el título) y una corta (cuando la utilices para completar información).
- Zona de próximo desarrollo
- Constructivismo
- Jeremy Harmer y su teoría de escalonamiento en el aprendizaje
- Motivación intrínseca y extrínseca
- Inclusión
- Metodologías activas
- La importancia de contenidos culturales dentro del área de inglés
- Estadios evolutivos de Piaget
- Enfoque natural
- Enfoque comunicativo
- Integración de las 4 habilidades
- Materiales auténticos, semiauténticos y artificiales (David Nunan)
- *Common European Framework of Reference for Languages*
- Trabajo en grupo y su relación con la LOMCE
- Grupos cooperativos y técnicas de trabajo cooperativo
- Educación emocional
- Innovación

TIP 6

PIÑONES FIJOS

Por extraño que parezca, cuando comiences a realizar los temas empieza por redactar los piñones fijos.

¿Y cómo sabemos cuáles son nuestros piñones fijos?

En primer lugar, te aconsejamos que diseñes los temas por bloques. Por ejemplo, nuestro bloque uno contiene los temas 1,2,3,7 y 8 porque en todos ellos se estudia la comunicación, tanto verbal como no verbal, oral y escrita.

Cuando desarrolles sus índices te darás cuenta de que muchos contenidos coinciden. Esos son tus piñones fijos.

Defínelos de forma clara, amena y con ejemplos y a partir de ahí empieza a confeccionar tus temas. Verás cómo en muchas ocasiones viene a ser un puzle y que, al final, mucha parte del grueso del tema sale precisamente de los piñones fijos.

Esto no es solo aplicable a los temas que pertenecen al mismo bloque, por ello, cada vez que comiences a desarrollar un tema, analiza el índice y fíjate en si algún contenido coincide con algún tema que ya hayas elaborado.

De lo contrario, si empiezas a confeccionar los temas sin tener en cuenta esto, te darás cuenta de que tienes muchas partes parecidas en muchos temas pero que no están redactadas de la misma manera, así que vuelve, rehaz, redacta, vuelve a estudiar…

7.- TEMA COMPLETO

Al final del libro, encontrarás un código QR para que te descargues un tema completo (tema 22) y gratuito por haber adquirido este libro, el cual ha sido confeccionado siguiendo las directrices contenidas en él. Para facilitarte la identificación de sus partes viene acompañado de una leyenda que te ayudará a identificarlas. Tan solo tendrás que escanear el código, simular una compra e introducir el código TEMAPRACTICEMAKESPERFECT en tu carrito.

¡Aquí hay tema!

8.- LECTURA DEL TEMA

Si en la convocatoria de oposiciones a las que te vas a presentar es el opositor quien debe realizar la lectura del tema, te recomendamos que adquieras el videocurso que encontrarás en la página oposiciones.marialateacher.com titulado "Lectura de un tema de oposiciones a maestro/a de inglés".

En él encontrarás todo lo que necesitas saber para enfrentarte a la parte de la lectura de tu tema en la oposición con buena preparación.

Además de aspectos teóricos básicos, la filóloga Emma García Espigares realizará varias lecturas de un mismo párrafo para que, mediante diferentes ejemplos, tengas muy claros todos los conceptos que se explican.

El colofón de oro a este videocurso lo pone Gabriela Harsulescu, exopositora y alumna de Marta García que obtuvo el puesto número 1 en las oposiciones de inglés 2018 de la Comunidad Valenciana. Gabriela ha realizado la lectura completa del tema 22.

Si por el contrario no tienes que leer el tema, todas las pautas que en el videocurso se enseñan serán perfectamente aplicables al momento en el que tengas que exponer tu programación y tu unidad didáctica.

9.- ANÁLISIS DAFO DE TI MISMO/A

El DAFO es una herramienta que te permitirá autoanalizarte a ti y a tus circunstancias para que puedas desarrollar una estrategia personal que te permita lograr el mejor resultado posible en una oposición.

Las siglas DAFO corresponden a las palabras debilidades, amenazas, fortalezas y oportunidades.

El análisis DAFO se divide en dos partes:

1. **Análisis interno: (fortalezas y debilidades)**

En esta fase se realiza una fotografía de tu situación personal definiendo tus fortalezas y debilidades. Ello te otorgará una imagen clara de en qué aspectos debes trabajar más y qué aspectos tienes a tu favor sin prácticamente esfuerzo.

- **Ejemplo de debilidad:** poco dominio de la lengua inglesa.

Una de tus estrategias a seguir será mejorar este aspecto, ya que dominar el inglés es crucial es esta oposición. Un profesor particular a quien leerle los temas, leer en inglés, practicar la pronunciación o la exposición te ayudará a fortalecer esta debilidad.

- **Ejemplo de debilidad:** tengo 25 años y sé que mi aspecto puede influir en que me vean una persona inmadura, demasiado joven o poco formada.

Si este es tu caso, deberás cuidar aspectos como la seguridad personal y/o la presencia.

* **Ejemplo de fortaleza:** controlas bien los nervios y/o tienes facilidad para hablar en público.

Gracias a esta fortaleza, deberás invertir poco tiempo en ello para focalizarte en tus debilidades. Esto te permitirá economizar tu tiempo.

* **Ejemplo de fortaleza: soy muy organizada y ordenada y sé perfectamente donde tengo todo guardado.**

Este aspecto te va a ahorrar mucho tiempo antes, durante y después de la oposición.

2. **Análisis externo: (amenazas y oportunidades)**

Tanto las amenazas como las oportunidades no dependen de ti. Son factores externos que deben ser tenidos en cuenta para tener una visión real de en qué punto te encuentras. Las amenazas deberás tenerlas controladas y respecto a las oportunidades, deberás disponer de una estrategia para beneficiarte de ellas.

* **Ejemplo de amenaza: entre el resto de opositores de mi tribunal hay interinos con muchos puntos por experiencia profesional.**

Respecto a esta amenaza, poco se puede hacer *a priori*, pero si te fijas en los baremos de puntuación de oposiciones, podrás comprobar que también puedes sumar muchos puntos con formación. Para que te hagas una idea, en la última convocatoria de oposiciones de la Comunidad Valenciana, 12 meses trabajados (vacante) sumaban 1 punto, mientras que un máster de un curso escolar suponía 1 punto y un nivel B2 de la EOI, un 0,5.

- **Ejemplo de amenaza: tengo dos hijos y trabajo en un colegio a jornada completa, y no sé de dónde sacar el tiempo.**

Obviamente, esta no es una condición favorable para ti, pero poder hacerse, se puede. Deberás primar la calidad de las horas antes que la cantidad. No hace falta dedicarle 8 horas al día, pero dos horas al día con un 100% de concentración y dedicación, sí. Si estudiar por las noches se te hace pesado, prueba a levantarte una hora antes todos los días y estudiar de buena mañana. Delega y haz uso de la corresponsabilidad. Estudiar con hijos es complicado, pero no imposible. Piensa que estudiar una oposición te quitará momentos de estar con tus hijos, pero aprobar una oposición también les dará una mejor calidad de vida en el futuro y una buena oportunidad para conciliar.

- **Ejemplo de oportunidad: número de plazas por tribunal en tu convocatoria.**

Obviamente, este aspecto es muy favorable para ti y debes tenerlo muy en cuenta. Si resulta que en tu comunidad salen 80 plazas y en la comunidad vecina 400, quizá deberías plantearte la opción de la movilidad. Si apruebas una oposición en una comunidad que no es la tuya, deberás estar dos años en tu destino definitivo hasta poder concursar a tu comunidad. Teniendo en cuenta los años que hay entre convocatorias, igual es una buena opción que te desplaces hasta la comunidad en la que más opciones vas a tener.

Al final del libro, encontrarás un código QR para que te descargues una plantilla DAFO gratuita en formato PDF para que te analices y puedas invertir tus esfuerzos en aquello que más necesites. Tan solo tendrás que introducir el código DAFOPRACTICEMAKESPERFECT en tu carrito.

10.- CONSEJOS FINALES

Desde el primer día que decides hacer de la oposición su forma de vida, has de tener claras 5 cosas:

La primera es que **realices un análisis DAFO de ti mismo/a**. Analiza tus fortalezas y trabaja en tus debilidades, sé consciente de las amenazas y de las oportunidades. No te engañes a ti mismo/a y sé honesto/a, ya que de poco te servirá no serlo. Rellena la plantilla que te hemos indicado en el anterior apartado dedicándole tiempo y haciendo un gran ejercicio de reflexión.

La segunda es que **la mayor satisfacción es superarte a ti mismo/a**. Sea cual sea el resultado, dar lo mejor de ti es garantía de éxito seguro. Olvídate de aprender para aprobar. Aprende para conseguir ser un **MAESTRO** o una **MAESTRA** en mayúsculas.

La tercera, que la **educación del siglo XXI necesita docentes comprometidos y formados**. Si el motivo que te ha hecho decidir sacarte una oposición son las vacaciones o el trabajo fijo para toda la vida, haznos caso: **esta profesión no es para ti**. Tu alumnado no se merece a un docente que no ame su trabajo y tú no te mereces trabajar en algo que no te apasiona.

La cuarta, sé consciente de que solo aprenderás a hacer temas haciendo temas. Una de nuestras frases favoritas es: "*Knowing and not doing is like not knowing*". De nada sirve que llenes tu cabeza de conocimientos, veas miles de conferencias, seas seguidor/a de muchos *cracks* de la educación, si después no aplicas nada de lo que sabes.

Y la quinta es que el camino para aprobar una oposición no es fácil y posiblemente sea la **carrera de fondo profesional más dura a la que te vayas a enfrentar**.

Si eres una persona poco constante y comprometida que piensa que la oposición debe ser muy fácil y que con poco se aprueba, sentimos decirte que estás equivocado/a. La oposición es dura y requiere que inviertas cientos y cientos de horas de preparación, pero también te decimos que merece la pena.

En esta carrera de fondo las medias tintas no deberían existir. O te preparas al 100 % o una oposición es un proceso que desgasta mucho, tanto emocional como física, familiar y anímicamente. **No merece la pena alargarlo en el tiempo.**

El número de convocatorias que realices hasta conseguir tu plaza puede variar mucho. **No te hundas si no lo consigues a la primera**, ya que la mayoría de los opositores no lo hacen.

Preséntate al mayor número de convocatorias que puedas, puesto que cada una te otorgará unos conocimientos, unas tablas, una experiencia y un desafío.
Intenta no fallar, pero si fallas, sobre todo, no desfallezcas: debes continuar intentándolo.

Si necesitas motivación, en el libro de **Miguel Ángel Caballero López** "Oposiciones docentes. Claves para conseguir tu sueño" publicado por Círculo Rojo, la encontrarás en grandes dosis.
Convierte el título de este libro en tu forma de vida, ya que…

Practice makes perfect

PRACTICE MAKES PERFECT

11.- CÓDIGOS QR

PLANTILLA 25 TEMAS
CUPÓN:
plantillaspracticemakesperfect

TEMA 22
CUPÓN:
temapracticemakesperfect

ANÁLISIS DAFO
CUPÓN:
dafopracticemakesperfect

TOMO 2

TOMO 3

12.- AGRADECIMIENTOS

Marta y María:

Gracias a **Ester Aguayo Fajardo** (ig: @*rookie.teacher.ester*) por inspirarnos tanto, por ser el embrión de este proyecto, por tu generosidad, por tu buen hacer, por creer en nosotras y por tu paciencia.

Gracias a **Gabriela Harsulescu** por tu participación, por ser fuente de sabiduría, por compartir de forma altruista tus conocimientos, por ser inspiración y por ser una auténtica fuera de serie.

Gracias a **Emma Vallés Espigares** por tu gracia y salero, por ser nuestra filóloga favorita y por aportarnos tanto.

Gracias a **Paula Álvarez Bermejo** por las correcciones y las contribuciones.

Gracias a **Amina Ejrhili** por tus increíbles ilustraciones y por reflejar tan bien y con tanto humor los momentazos y los dramas del día a día de los opositores.

María:

Gracias a **Ricardo Sorlí Hernández** (ig: @*sorlisorlart*) por todos tus consejos, apoyo desinteresado y por darle luz al proyecto en momentos de oscuridad.

Gracias a **Miguel Ángel Caballero López** (ig: @*teachermigue*) por transmitir tus inquietudes, por creer que otra educación es posible, por estar tan cerca aun estando tan lejos, por tu profesionalidad y por tu incansable sed de aprendizaje.

Gracias a **Marta García Atienza** por prepararme tan bien, por estar conmigo (ensayando la exposición de la programación cuando me dieron la nota de la parte A), por tu sinceridad y honestidad, por hablarme claro y con gusto, por formarme y por ayudarme a crecer profesionalmente.

Gracias a **Alexander Sanjuan Rice** por acompañarme durante todo el proceso opositor, por las correcciones y por ser tan buen papi.

Marta:

Gracias a **Rafa Lloret Porcar**, quien me dio la oportunidad de ser profesora en su academia de oposiciones y confió plenamente en mí desde el primer momento.

Gracias a **María Bermejo Navarro** por animarme a realizar este proyecto. Sin ella todos estos conocimientos nunca hubieran salido a la luz en forma de libro.

Gracias a **Héctor Tena Vidal**, por decirme, cuando más dudas tenía, "Sí, Marta, escribe ese libro y comparte todo lo que sabes".

Y por último gracias a mi madre **Teresa Atienza Cárcel**, quien ha hecho de la educación de sus hijos y el aprendizaje de idiomas su estandarte.

PRACTICE MAKES PERFECT

Printed by Amazon Italia Logistica S.r.l.
Torrazza Piemonte (TO), Italy